# Kryptowährungen: Das Trader Handbuch

### Ein kompletter Guide zum Handeln von Bitcoin und Altcoins

Marvin Neuefeind

&

Marcin Kacperczyk

# Inhaltsverzeichnis

| | |
|---|---:|
| Einleitung | 6 |
| Wörterbuch | 9 |

## TEIL 1

### Was sind Kryptowährungen? — 15

| | |
|---|---:|
| Blockchain Basics | 15 |
| Die Blockchain als Grundlage einer Währung | 17 |
| Wie greife ich auf die Blockchain zu? | 19 |
| Der Unterschied zwischen einem Token & einem Coin | 21 |
| Was bedeutet Scalability (Skalierbarkeit)? | 22 |
| Wie funktioniert die Blockchain? | 23 |
| Nodes und Masternodes | 24 |
| Forks | 25 |

### Die Blockchain — 27

| | |
|---|---:|
| Proof of Work (PoW) | 27 |
| Proof of Stake (PoS) | 34 |
| Proof of Burn (PoB) | 37 |
| Proof of Importance (PoI) | 38 |
| Proof of Signature (PoSign) | 39 |

### Tangle — 40

| | |
|---|---:|
| Was ist Tangle? | 41 |
| Was sind die Probleme von Tangle? | 42 |
| Ergebnis | 43 |

### Hashgraph — 44

| | |
|---|---:|
| Was ist Hashgraph? | 44 |
| Was sind die Probleme von Hashgraph? | 46 |
| Ergebnis | 46 |

## Wallets & Sicherheit     **47**

    Was ist eine Wallet?     47
    Cold Wallets     48
    Hot Wallets     50
    Wie schütze ich meine Werte?     53
    Ergebnis     55

## Mining     **56**

    Mining Difficulty     56
    Hash-Rate     57
    Wie kann ich minen?     57

## Initial Coin Offerings (ICOs)     **59**

## Was für Coins gibt es?     **61**

    1) Cryptocurrencies     61
    2) Platforms     64
    3) Utility Token     66
    4) Cryptosecruities     67
    5) Hybrids     68

## Warum sollten wir Kryptowährungen nutzen?     **69**

    Wiederholung     70
    Automobil Industrie     72
    Banken     73
    Social Media     76
    Gesundheitswesen     78
    Energiesektor     79
    Supply Chain Netzwerke     80
    B2B     82
    Ergebnis     82

# Teil 2

## Fundamentale Analyse 84

Die Rolle der fundamentalen Analyse beim Investieren 85
Den richtigen Coin finden 89
Coinmarketcap 89
Twitter 91
Bitcointalk 91
Exchanges (Börsen) 92
Nahende Ereignisse 93

## Die Recherche 94

Kernrecherche 95
Zusätzliche Recherche 105
Worin unterscheidet sich normale von ICO Recherche? 114
Red Flags / Scam (Betrügereien) 120

## Grundstimmung des Marktes 125

## Technische Analyse 126

Die Bedeutung der technischen Analyse 127
TA Grundlagen 128
Resistance und Support 145
Muster 154
Volumen 169
Fractals (Fragmente) 176
Fibs (Fibonacci) 177
Ichimoku Cloud 183
Bewegende Durchschnitte (MA) 191
Oscillators (Oszillatoren) 195
Bollinger Bands 202
Order Book 206
TA Tipps 208

Investment Strategien     **210**

    Allgemeinwissen     211
    Erstellen einer Handelsstrategie     228
    FA vs. TA     234
    Der Trade     236
    Marktereignisse     246
    Verwalte dein Portfolio     255
    Risikomanagement     259

Arbitrage     **265**

Handeln mit Hebeln     **266**

Trading Tipps     **269**

Kryptosphere     **271**

    Vertrauen in die Kryptogemeinde     271
    Marktmanipulationen     275
    Pattern Fake-Outs     276
    News Manipulationen     280
    Einfluss aufs Leben     281
    Exchanges (Börsen)     282
    Quellen zum Lernen     289

Das Ende     **294**

    Bekannte Persönlichkeiten     295
    Die größten Hacks     298
    16 faszinierende Fakten     301
    Literaturverzeichnis     306

# *Einleitung:*

Kryptowährungen erfahren eine stetig wachsende Aufmerksamkeit, mit täglich neuen Meldungen über Betrugsfälle und self-made Millionären. Dieses Buch bietet eine Grundlage für jeden, der sich für diese finanzielle Revolution interessiert und wissen möchte wie der Einstieg in dieses Thema gelingt. In diesem Buch werden wir über die grundlegenden Technologien, sowie die Herausforderungen des Investierens reden.

Wir, Marvin Neuefeind und Marcin Kacperczyk, sind Vollzeit Krypto-Investoren, mit einem wirtschaftlich/finanziellen Hintergrund und entwickelten bereits früh eine Leidenschaft für Kryptowährungen. Nachdem wir sowohl das Beste, als auch das Schlechteste dieser Märkte erlebt haben, machten wir es uns zur Aufgabe einen einfachen Einstieg in dieses polarisierende und komplexe Thema zu schaffen. Während Kryptowährungen zunehmend mediale und gesellschaftliche Aufmerksamkeit erhalten, ist es unserer Meinung nach Notwendig den Menschen den Umgang mit dieser Neuheit näher zu bringen.

## *Warum solltest du dieses Buch lesen?*

Wir werden damit beginnen dir die grundlegende Theorie, der Kryptowährungen beizubringen, welche wir mit zahlreichen Beispielen veranschaulichen. Im Anschluss daran werden wir uns dem praktischen Teil dieses Buches widmen, in welchem wir dir alles über Investments beibringen werden, um deine Gewinne zu maximieren und deine Risiken zu minimieren. Wenn du diese Zeilen liest, stehst du diesem Thema wohl entweder skeptisch oder enthusiastisch gegenüber, welche Stellung du auch vertrittst, wir sind dankbar für dein Interesse an diesem Thema. An dieser Stelle wollen wir betonen, dass es keinerlei Hintergrundwissen bedarf dieses Buch zu lesen und es unsere Aufgabe ist dir bei dem Einstieg zu helfen.

Um dich vollkommen auf das Handeln in diesen volatilen (schwankenden) Märkten vorzubereiten werden wir den theoretischen Teil mit dem praktischen verbinden. Es wird dir dabei helfen zu verstehen warum Unternehmen wie Apple, Daimler, Volkswagen, Bosch, Microsoft und viele weitere an und mit der Blockchain-Technologie arbeiten. Da wir selbst vom aktiven handeln geprägt sind, ist es für uns wichtig dir zu zeigen, wie du die sogenannte „Fundamentale Analyse" und die „Technische Analyse" zu deinem Vorteil nutzen kannst.

Viele andere Bücher über Kryptowährungen vergessen oft die praktischen Anwendungsmöglichkeiten, sowie die Investment Methoden darzulegen, deshalb bietet dir dieses Buch einen Einstieg in sowohl die technologische als auch die wirtschaftliche Seite. Wenn du dieses Buch gelesen hast wirst du fähig sein, Kryptowährungen, wie Aktien, basierend auf einer fundamentalen und einer technischen Analyse zu bewerten. Des Weiteren wird es dir möglich sein, Entscheidungen basierend auf deinem Wissen über Märkte, Wachstumspotenziale und vielen weiteren Faktoren zu treffen.

## *Der Anfang...*

Dieses Buch wurde in einer bestimmten Reihenfolge geschrieben, welche wir dir empfehlen beizubehalten. Innerhalb der verschiedenen Kapitel wirst du Passagen in Klammern und kursiver Schrift finden, welche einfache Beispiele oder Erklärungen zu dem vorherigen Thema sind. Doch bevor wir anfangen deine Fragen zu beantworten, möchten wir ein paar Punkte hervorheben, welche für uns besonders wichtig sind.

1) Alle Kryptowährungen die in diesem Buch als Beispiele genannt werden, sind keine Investment Empfehlung. Der Sinn dieses Buches besteht darin, dir die Eigenschaften beizubringen Kryptowährungen selbstständig zu bewerten.
2) Kryptowährungen sind hochgradig volatil und dementsprechend mit einem großen Risiko verbunden. Dieses Buch wird dir nicht zeigen wie du über Nacht Millionär wirst, sondern wie du das Risiko mit deinem Hintergrundwissen minimieren kannst.
3) Wenn du neu im Thema Kryptowährungen bist, sei dir darüber im Klaren, dass es viele Menschen gibt, die dich mit falschen Versprechungen für sich gewinnen wollen. Dies war einer der Gründe, warum wir dieses Buch geschrieben haben – um ein weiteres „Bitconnect" zu verhindern.

# *Wörterbuch*

In einem so technischen Thema wie diesem, gibt es viele Abkürzungen und Wörter (meist in englischer Sprache) welche dir vorerst komisch Vorkommen werden, aber ein wichtiger Teil der Kryptowelt sind. Die Folgenden Wörter und Abkürzungen werden dir dabei helfen weitere Quellen wie Blogs, Threads und ähnliche besser zu verstehen. Du kannst diesen Teil überspringen und später darauf zurückkommen, jedoch würden wir dir empfehlen es zunächst einmal durch zu lesen.

**FOMO - Fear of missing out**
(Deutsch: Angst etwas zu verpassen. Diese Abkürzung beschreibt, dass ein Coin gehypt wird und Investoren bereit sind mehr als den Marktpreis zu bezahlen. Sie übersehen Schwächen oder Zweifel, da sie diese Gelegenheit nicht verpassen wollen.)

**FUD - Fear, Uncertainty, Doubt**
(Deutsch: Angst, Ungewissheit, Zweifel. Wie du bestimmt schon einige Male mitbekommen hast, gibt es sehr viele negative Artikel über Kryptowährungen. FUD beschreibt das Ergebnis dieser Nachrichten. Zum Beispiel: Der CEO von JP Morgan sagte, dass der Bitcoin eine Blase wäre. Demnach verbreitete er FUD.)

**HODL - HOLD**
(Deutsch: Halten für's Leben oder Ich halte. Die Abkürzung HODL ist eine der bekanntesten. Im Englischen bedeutet Hold, Halten, jedoch handelt es sich nicht mehr um einen Fehler, wenn Leute HODL statt HOLD schreiben. Manche sagen, es kommt aus einem Bitcoin Forum, mit dem Thema „I AM HODLING" hieß. Andere beziehen sich auf „**H**old **O**n for **D**ear **L**ife". Wie dem auch sei, beschreibt dies einen Investor, der Coins durch Aufwärts- und Abwärtsbewegungen hält.)

## ATH - All Time High
(Deutsch: Allzeithoch. Es beschreibt den höchsten Wert den eine Kryptowährung erreicht hat.)

## BTFD - Buy the F****** Dip
(Deutsch: Kauf den verdammten Dip (Delle im Graphen). Wenn die Masse verkauft aufgrund von z.B. FUD (also ohne richtigen Grund), sinkt der Wert und dies ist der perfekte Moment zu kaufen.)

## Long - Short
(Diese sind Vokabeln aus dem Aktienhandel beziehen sich normalerweise auf den Handel mit Futures und Hebeln. Investoren die sich „Long" positionieren, denken der Preis wird steigen, Investoren die sich „Short" positionieren, denken der Preis wird fallen.)

## ICO - Initial Coin Offering
(Deutsch: Erste Coin Vergabe. Diese Abkürzung ist das Pendant zum IPO (Initial Public Offering), die geläufige Abkürzung für das ausgeben von Aktien. ICO bedeutet, dass eine Kryptowährung ausgegeben wird und Coins/Token das erste Mal verkauft werden, bevor diese auf einer Exchange (Börse) gehandelt werden.)

## Whale
(Deutsch: Wal. Investoren, die große Mengen von Coins oder viel Geld besitzen werden als Wale bezeichnet. Du wirst bestimmt eines Tages lesen, dass „whales start buying" (Wale anfangen zu kaufen oder verkaufen).

## BUY WALL - SELL WALL
(Deutsch: Kauf- und Verkaufswand. Wenn du dir ein Order Book anschaust, welches die meisten Börsen zu Verfügung stellen, zeigen sie die sogenannte „Market Depth". Eine Buy Wall ist die Summe aller Limit Order zum Kauf und wird normalerweise grün dargestellt. Die Sell Wall ist die Summe alle Limit Order zum Verkauf und wird normalerweise rot dargestellt.)

## Bagholder
(Eine Person, die viele Coins einer Kryptowährung hält, auch durch nicht profitable Zeiten.)

## Bear/Bearish - Bullish
(Deutsch: Bär/Bulle. Ein Bärentrend bedeutet, dass Investoren erwarten das der Wert einer Aktie oder eines Coins fallen wird. Ein bullischer Trend ist hingegen die Erwartung, dass der Preis steigt.)

## Moon
(Deutsch: Mond oder zum Mond. Ein Coin eine starke bullische Tendenz hat. Investoren, die erwarten, dass ein Coin „mooned", denken, dass dieser extrem an Wert gewinnt. Du hast dich vielleicht gefragt, warum wir dieses Cover ausgewählt haben und dies ist die Antwort zu deiner Frage. Es ist eine Anspielung auf die in der Kryptowelt gängige Erwartung, dass der Bitcoin „zum Mond geht".)

## Pump & Dump
(Deutsch: Pumpen und Abwerfen. Dies ist ein Prozess, in dem Investoren stark in einen Coin investieren und ihn danach „dumpen", indem sie ihr gesamtes Investment auf einmal verkaufen.)

## Green Dildo
(Ja du hast richtig gelesen, „green dildo" ist eine geläufige Beschreibung einer grünen Kerze – eines starken Preisanstiegs.)

**FA  -  TA**
(Fundamentale Analyse beschreibt die Bewertung einer Aktie oder eines Coins basierend auf dem inneren Wert des Investments. Technische Analyse hingegen beschreibt die Bewertung von Graphen und den damit verbundenen Werkzeugen.)

**Rekt**
(Ist ein Neologismus aus der Kryptowelt und bedeutet, dass man große Verluste von einem Coin erfährt.)

**Weak Hand**
(Deutsch: schwache Hand. Eine schwache Hand zu haben heißt, dass man sofort verkauft, sobald der Preis beginnt zu sinken, anstatt die Situation zu analysieren.)

**Shitcoin**
(Ein Shitcoin ist ein Coin ohne tatsächlichen inneren Wert. Shitcoins werden meist als Kurzzeitwetten benutzt, um schnelle Profite zu machen.)

**Satoshi - Sat**
(Satoshi ist nicht nur der Vorname des Bitcoin Gründers, sondern auch die kleinste Einheit des Bitcoins, 1 Sat = 0.00000001 BTC.)

**Altcoin - Altseason**
(Ein Altcoin ist jeder Coin neben Bitcoin. Die Altseason ist die Zeit des Jahres in der Altcoins am meisten an Wertzuwachs gewinnen – normalerweise April, Mai, Juni.)

**Dumb money**
(Deutsch: dummes Geld. Dieser Begriff beschreibt das Herdenverhalten bei stark steigenden Investments oder Blasen, da Menschen dazu tendieren blind zu kaufen, da andere es tuen.)

**Secruities and Exchange Commission - SEC**
(Ist die Börsenaufsicht der USA, was bedeutet, sie kontrolliert die Börsen (Exchanges) und Ihre gelisteten Unternehmen.)

Jetzt, wo wir die geläufigsten Abkürzungen und Wörter erklärt haben, werden wir mit dem Hauptteil dieses Buches beginnen. Ein Hinweis jedoch bevor wir beginnen, da viele Wörter aus dem Englischen kommen wie z.b. Blockchain oder Private Key, werden wir diese nicht übersetzen, da dies später nur verwirren würde.

# *TEIL 1*

# *Was sind Kryptowährungen?*

## **Blockchain Basics:**

Du hast vielleicht schon davon gehört, dass Kryptowährungen nicht gehackt werden können, sehr sicher sind oder ähnliches – lass uns jedoch mit den einfachen Grundlagen beginnen. Wir werden damit beginnen uns genau anzuschauen was eine Blockchain (Deutsch: Blockkette) ist und wie sie funktioniert.

Alle Kryptowährungen basieren auf einem verteilten bzw. dezentralen System, weshalb Sie im Englischen oft „distributed ledgers" genannt werden. Das besondere hierbei ist, dass die Daten nicht zentral an einem Ort, sondern aufgeteilt auf Millionen von Computern in einem Netzwerk gespeichert werden. Jeder Computer speichert entweder einen Teil oder gar die ganze Blockchain.

Die am meisten verwendete Form der Blockchain ist die öffentliche Blockchain, in welcher jeder Informationen lesen und hinzufügen kann. Aufgrund von dieser Freiheit ist dieses System üblicherweise die langsamste Variante der Blockchain. Die Nutzer in diesem Netzwerk greifen hier anonym bzw. pseudo-anonym auf die Informationen zu. *(Pseudo-anonym bedeutet, dass der Nutzer zwar anonym im Netzwerk agiert, seine Transaktionen jedoch zurückgerechnet werden könnten. Daher ist der Nutzer nicht 100% anonym.)*

Die zweite Variante der Blockchain ist die sogenannte Consortium Blockchain, welche Überschneidungspunkte zur Validierung benutzt. In dieser können nur ausgewählte „Nodes" (Netzwerkelemente) das Netzwerk verwalten. Der Ersteller der Blockchain kann festlegen, ob die Informationen öffentlich zugänglich sind oder nur bestimmte Teilnehmer über Lese- und Schreibrechte verfügen. Dies führt dazu, dass diese Version wesentlich schneller ist, als die öffentliche. Da der Ersteller festlegen kann, ob die Nutzer anonym oder öffentlich sind und wer Zugriff auf die Daten hat, eignet sich diese Variante hervorragend für Unternehmen – doch hierzu später mehr. Die dritte und letzte Variante der Blockchain ist eine private Blockchain, welche von festgelegten Nutzern verwaltet wird. Der Ersteller kann sehen, wer welche Informationen zugefügt hat und entscheiden wer Informationen hinzufügen und lesen kann – dies führt zu einem noch schnelleren Netzwerk.

Du fragst dich bestimmt was eine Blockchain ist und wie du sie dir vorstellen kannst. Wie der Name vermuten lässt ist eine Blockchain (Deutsch „Blockkette") eine Aneinanderreihung von verschiedenen Blöcken, welche wiederrum Informationen enthalten. Das Besondere ist, dass jeder Block, basierend auf dem Inhalt, einen Code generiert, welcher im darauffolgenden Block neben anderen neuen Information gespeichert wird. Lass uns ein Beispiel anschauen, um es besser zu verstehen:

(Nehmen wir an „Peter leiht Helen 50€". Der in der Blockchain gespeicherte Block speichert diese Information und generiert einen Code basierend auf der Reihenfolge von Buchstaben und Zahlen – sagen wir AAAAA. Wenn Helen Zugang zu diesem Block bekommen würde und die Information zu „Helen leiht Peter 50€" ändern würde, wäre der Code nicht länger AAAAA, sondern BBBBB. Die Blockchain würde sofort erkennen, dass Informationen geändert wurden und jeder Computer innerhalb des Netzwerkes, welcher die Information zuvor gespeichert hat, würde einen Fehler melden.

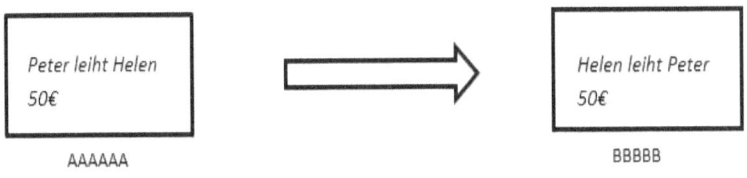

## *Die Blockchain als Grundlage einer Währung*

Die Geschichte der Blockchain ist eng mit der des Bitcoins verbunden, deshalb werden diese beiden oftmals vertauscht oder als das Selbe wahrgenommen. 2008 veröffentlichte Satoshi Nakamoto eine Arbeit namens "Bitcoin: a Peer to Peer electronic cash system", welche die Basis für heutige Kryptowährungen darstellt.
Die meisten Kryptowährungen basieren auf der Blockchain Technologie. Diese wiederrum basiert auf vier Hauptmerkmalen.

Zunächst die Dezentralität, die Daten werden nicht an einem Ort auf einem Computer/Server gespeichert. Im Gegenteil, die meisten großen Blockchains sind auf Millionen von Computern gespeichert.

Deshalb kann eine Blockchain nicht geändert werden, wie wir im vorherigen Beispiel bereits gesehen haben. Sobald eine Transaktion bestätigt wurde und gespeichert wurde ist es nahezu unmöglich die Information zu ändern.

*(Nahezu? Ja, theoretisch ist es möglich die Information zu ändern. Hierfür müsste allerdings auf allen Computern, auf denen die Blockchain gespeichert ist, gleichzeitig die Information geändert werden.)*

Das zu Grunde liegende Prinzip heißt „Konsensus" und bedeutet, dass die Community (Gruppe von Nutzern) sich darüber einig sein muss was passiert ist und was nicht passiert ist. Einer dieser Konsensus Mechanismen heißt „mining" und ist Teil des beliebten „Proof of Work" Systems, auf welches wir im nächsten Kapitel zu sprechen kommen.

Ein weiterer wichtiger Punkt ist die Transparenz. In nahezu jeder Kryptowährung können Transaktionen zurückverfolgt werden und man sieht wer den Block bestätigt und hinzugefügt hat.

In manchen Fällen gibt es auch eine sogenannte „Rich-List", welche angibt welche Adressen am meisten „Coins" halten.

*(Dies kann hilfreich sein, um zu sehen wie gut die Coins verteilt sind. Das bedeutet nicht, dass du den Namen der Person sehen kannst der diese Coins besitzt! Lediglich die „Public Address", auf welche wir später genauer eingehen werden.)*

Das letze Merkmal, eine der größten Gefahren für das „alte" finanzielle System, ist der Transfer von Werten. Während Banken einen oder mehrere Werktage für eine Transaktion benötigen (abhängig von den Eigenschaften der Überweisung) können Werte mit Hilfe von Kryptowährungen wesentlich schneller verschoben werden. *(10-30min, oder sogar 1 Sekunde sind nicht mehr seltene Eigenschaften für Kryptowährungen.)*

Darüber hinaus können die Überweisungsgebühren bei 0 liegen, weshalb ein Mittelsmann nicht mehr notwendig wäre. *(Wir werden später ausführlich über den Einfluss auf die Banken reden.)*

Bevor wir mit dem funktionalen Teil der Blockchain beginnen, werden wir uns kurz anschauen wie „Konten" funktionieren und wie man sie nutzt.

## *Wie greife ich auf die Blockchain zu?*

Die meisten von euch werden ein Bankkonto oder irgendeine andere Art von Konto haben, sei es E-Mail, Gaming etc. Die Daten zu diesen Konten werden alle an einem zentralen Ort gespeichert, welche den Kontonamen dem Kontonutzer zuordnet. In einem dezentralen Netzwerk ist dies anders, da es keine zentrale Instanz gibt, welche die Konten kontrolliert und wartet.

In einem dezentralen System wie Bitcoin, unterscheiden sich Nutzer Hilfe von sogenannten „Private Keys" (privaten Schlüsseln) und „Public Keys" (öffentlichen Schlüsseln). Vielleicht hast du schon eine Idee, welcher Schlüssel was bedeuten könnte.

Wenn du ein E-Mail-Konto eröffnest, überprüfst du zuerst, ob die gewünschte Adresse verfügbar ist und wählst im Anschluss daran ein Passwort aus. Wenn du Werte auf der Blockchain lagern und verwalten möchtest erstellst du kein Konto, da es genau anders herum funktioniert. Der Private Key ist ein zufällig generierter Code, welcher dein Passwort und deine Identifikation in einem ist. Dieser besteht normalerweise aus 32 oder 64 Buchstaben und Nummern. Er könnte wie folgt aussehen:

**48DHQUS5CBG8RHTMS268F5S4DGANBGD53HTU ETDG654G2F158D2F3G4CBVMD4F5G**

Nachdem ein Private Key erstellt wurde – dies kann man entweder selbst tun, indem man zufällig Zahlen und Buchstaben aneinanderreiht oder von einer Wallet (einer Software, über welche wir später genauer reden werden) erledigen lassen – wird automatisch eine Public Address generiert, welcher auf dem Private Key basiert.

*(Falls du dich jetzt fragst, ob es möglich ist einen Private Key zu erraten, wenn man die Public Address kennt – nein ist es nicht. Die Mathematik dahinter ist sehr kompliziert und basiert auf verschiedenen kryptographischen Formeln wie SHA256.*
*Das Wichtige für dich ist, dass es einfach ist (für einen Computer) die Public Address basierend auf deinem Private Key zu berechnen, allerdings nicht anders herum. Computer müssen deinen Private Key erraten, was Millionen von Jahren dauern würde.)*

Die Public Address wird sozusagen dein Kontoname, das heißt, wenn dir jemand Coins zukommen lassen will, benötigt er deine Public Address. **Gib niemals deinen Private Key an Fremde!**

Weder eine Blockchain, noch ein Private Key kann gehackt werden, das einzige was gehackt werden kann ist dein Computer – solltest du den Private Key dort gespeichert haben. Aber wir werden uns die Datensicherung später noch einmal genauer anschauen.

Das Wichtigste für dich ist: Der Private Key ist dein Passwort und deine Identifikation in einem, wenn du ihn weitergibst, hat derjenige Kontrolle über all deine Werte. Die Public Address ist wie dein Kontoname bei deiner Bank, du kannst ihn ohne Probleme weitergeben, um Zahlungen zu erhalten. (Schließen wir Datenmissbrauch mit IBANs einmal aus.)

Falls du deine Transaktion überwachen möchtest und sehen möchtest wie viele Bestätigungen sie bereits erhalten hat, kannst du dies einfach in einem „Block Explorer" nachsehen. Hier kannst du sehen, welche Blocks zuletzt gemined (bestätigt) wurden und welche Transaktionen dieser Block beinhaltet. Wenn du deine Transaktion überprüfen möchtest, kannst du dich entweder von deiner Exchange weiterleiten lassen (sofern du eine genutzt hast) oder sie auf dieser Seite suchen. (https://blockexplorer.com/)

## *Der Unterschied zwischen einem Coin und einem Token*

Solltest du dir schonmal einige Kryptowährungen angeschaut haben, könnte dir aufgefallen sein, dass einige „Coins" (die übliche Bezeichnung der meisten Kryptowährungen) und andere „Tokens" genannt werden. Eine Kryptowährung kann entweder das eine oder das andere sein. Wie du eventuell bereits weißt kommt der Name Kryptowährung, vom lösen kryptografischer Formeln, um einen Konsensus zu kreieren.

„Coins" sind die am häufigsten vertretenen Kryptowährungen. Im Allgemeinen besitzt ein Coin seine eigene Technologie – die Blockchain. Das bedeutet, jede Kryptowährung, die nicht auf einer anderen Blockchain basiert und seinen eigenen „Source Code" besitzt, wird als Coin definiert. Zum Beispiel: Bitcoin, Litecoin, Dogecoin und so weiter.

„Tokens" werden basierend auf anderen Kryptowährungen wie Ethereum oder NEO programmiert. Diese Tokens werden unter anderem dazu verwendet die grundlegende Technologie für die Services, wie mining, zu entlohnen. Daher werden Token oftmals als „Fuel" (Treibstoff) der Plattformen bezeichnet. Ethereum zum Beispiel hat erc20 Token – der Treibstoff der Ethereum Plattform. *(Theoretisch sind Token keine Altcoins, werden aber generell als solche gezählt.)*

*(Falls du sehen möchtest, welche Kryptowährungen Coins und welche Tokens sind, geh auf die Website **www.coinmarketcap.com**. Dort kannst du im Reiter links oben zwischen „all", „coins" und „tokens" wählen.)*

## *Was bedeutet Skalierbarkeit (Scalability)?*

Skalierbarkeit oder wie es im Englischen heißt „Scalability" ist ein häufig gebrauchter Begriff, welcher meistens mit Problemen assoziiert wird – unter anderem bei Bitcoin. Der Begriff beschreibt die Fähigkeit eines Netzwerkes oder Systems einen erhöhten Bedarf an Daten zu verarbeiten. In den Finanzmärkten, beschreibt die Scalability wie gut ein Finanzinstitut eine erhöhte Nachfrage bearbeiten kann. In Bezug auf Unternehmen wird dieser Begriff mit der Fähigkeit Umsätze und Gewinne zu erhöhen assoziiert.

In der Kryptowelt bezieht sich Scalability oder Skalierbarkeit jedoch ausschließlich auf die Frage, wie gut eine Kryptowährung als Alltagswährung genutzt werden könnte. Das Bedeutet, wenn eine Kryptowährung keine Probleme mit einer sich erhöhenden Anzahl an Transaktionen hat oder sogar besser wird, kann sie als skalierbar bezeichnet werden. Auf der anderen Seite bekommt eine Kryptowährung mit einer ansteigenden Anzahl an Transaktionen ernsthafte Probleme, so sagt man, dass diese ein „Scalability Problem" hat.

*(Bitcoin hat ein Scalability Problem und versucht es mit Hilfe des Lightning Networks zu lösen. Tatsächlich sind die meisten Kryptowährungen, welche auf einem Proof of Work System aufbauen, nicht sehr skalierbar.)*

Jetzt wo du eine grobe Idee hast, was die Blockchain Technologie ist, stellen sich Fragen wie: Wie bestätigt man Transaktionen und wer macht das? Im folgenden Kapitel werden wir uns genauer ansehen wie die Blockchain funktioniert und wer oder was sie am Leben hält.

## *Wie funktioniert eine Blockchain?*

Wie wir bereits gelernt haben, besteht die Blockchain aus mehreren aneinander gereihten Blöcken, welche verschiedene Informationen enthalten. Um einen Block hinzuzufügen und die darin enthaltenen Informationen zu bestätigen, muss ein sogenannter Validator eine Aufgabe erfüllen, welche wiederum vom Algorithmus der Blockchain abhängt.

## *Nodes und Masternodes*

Im vorherigen Kapitel haben wir uns angesehen wie eine Blockchain aufgebaut ist und dass eine Community einen Konsensus erschaffen muss, um Informationen hinzuzufügen. Diese Informationen werden von Validatoren bestätigt, welche als Folge neue Blöcke erschaffen.

Wenn wir uns dies genauer anschauen müssen wir zwischen sogenannten Nodes und Minern unterscheiden. Nodes (oder zu Deutsch Knotenpunkte) können in full- und light-Nodes unterteilt werden, letzterer ist der „normale" Nutzer. Das bedeutet er speichert nur Teile der Blockchain auf seinem Computer, da sein Hauptinteresse darin liegt Transaktionen zu tätigen. Beim Senden einer Transaktion belohnt der Sender (light Node) den Miner mit einer Überweisungsgebühr.

*(Theoretisch ist es möglich keine Gebühren anzugeben, jedoch bevorzugen Miner selbstverständlich jene Transaktionen, welche bereit sind Gebühren zu zahlen. Deshalb kann es Jahre dauern bis deine Überweisung verarbeitet wird, wenn du keine Gebühr bezahlst – oder eine geringere als Marktüblich.)*

Full Nodes speichern hingegen die gesamte Blockchain und leiten Informationen weiter, um einen Konsensus zu schaffen.

Wenn du dich mit der Analyse von Kryptowährungen beschäftigst, kann es sein, dass manche angeben eine Masternode zu haben, wie z.B. Dash. Masternodes sind eine weitere interessante Möglichkeit, die ein Netzwerk anbieten kann.

Masternodes wurden von der Kryptowährung DASH erfunden. Diese bieten einen extra Service, welcher von normalen Nodes nicht vollbracht werden kann. Bevor eine Masternode erstellt werden kann, muss jedoch eine festgelegt Anzahl von Coins eingefroren werden. *(Im DASH-Netzwerk benötigt man 1000 DASH, welche momentan 500.000$ Wert wären (März2018)).*

Die Aufgaben, die eine Masternode erfüllt, können von Währung zu Währung unterschiedlich sein. Normalerweise verfügen sie über besondere Berechtigungen, um z.b. Sofortüberweisungen oder anonyme Überweisungen zu verarbeiten. Des Weiteren schützen sie das gesamte Netzwerk gegen Attacken und haben ein stärkeres Stimmrecht, wenn es zu Abstimmungen über die Zukunft der Blockchain kommt. Diese Eigenschaften eignen sich hervorragend sogenannte Smart Contracts auszuführen. Natürlich wird es belohnt so viel Geld dort zu „parken", diese Belohnungen sind normalerweise wesentlich höher als die von Minern. Auch wenn es von der Kryptowährung selbst abhängt, kann man ca. 5-20% der Blockbelohnung erwarten.

## *Forks*

Ein „Fork" (zu Deutsch Gabel) hat nichts mit Essen oder der Landwirtschaft zu tun. Im Gegenteil in Bezug auf Kryptowährungen bedeutet ein Fork, dass sich die Blockchain in zwei (oder mehr) Richtungen aufteilt. Wir haben bereits gelernt, dass immer ein Block dem anderen folgt, manchmal jedoch passiert es, dass sich die Blockchain teilt – was mehrere Gründe haben kann. Unabhängig davon bleibt die Geschichte der Blockchain immer dieselbe.

Die Hintergründe einer „Gabelung" kann verschiedene kleine oder große Ursachen habe, z.B. eine große Umstellung oder ein Ereignis, welches die Community teilt.

Eine kleine Änderung wird als „Soft-Fork" bezeichnet. Dies bedeutet, dass die Blockchain ein Update bekommt – hierbei ist die alte Version kompatibel mit der neuen, weshalb es nicht nötig ist dem „Soft-Fork" zu folgen.

*(Eine große Ausnahme stellte der Bitcoin Soft-Fork Ende Juli 2017 dar, denn hier erlaubte das Segwit Update nicht die alte Version weiterhin zu nutzen. Daher gab es einige Menschen, die diesen Weg nicht mitgehen wollten und entschieden einen Hard-Fork einzuleiten.)*

Ein Hard-Fork ist das Gegenteil eines Soft-Forks, hier splittet sich die Blockchain nach einem bestimmten Block und eine neue Kryptowährung wird erstellt. Nach diesem Ereignis sind die Wege der beiden Blockchains unwiderruflich getrennt.

*(Führen wir das Bitcoin Beispiel weiter: Das Problem war, dass es zwei Gruppen von Nutzern und Minern gab. Die eine Gruppe wollte die Blockgröße klein halten und nur noch die wichtigsten Transaktionen auf der Blockchain speichern, während die kleinen über das Lightning Network laufen sollten. (Das Lightning Network wird später erklärt) Diese Gruppe nutzt weiterhin den Bitcoin. Die andere Seite wollte, dass weiterhin jede Transaktion auf der Blockchain gespeichert wird und die Blockgröße erhöht wird. Diese Gruppe nutzt nun „Bitcoin Cash / Bcash")*

Du fragst dich vielleicht welche Auswirkungen dies auf den Nutzer des Coins hat. Wenn ein solcher Fork eingeleitet wird und sich die Blockchain aufteilt basieren beide Währungen (die Alte und die Neue) auf der alten Blockchain. Deshalb erhält jeder Nutzer, der beispielsweise Bitcoin Ende Juli 2017 besaß, die gleiche Anzahl an Coins auf beiden Blockchains.

*(Das bedeutet, wenn du 10 BTC vor dem Fork hattest, hattest du nach dem Fork 10 BTC und 10 BCH (Bitcoin Cash)).*

Aber – und das ist ein Teil viele Leute vergessen – wenn du zusätzlich zu deinen alten Coins, neue erhalten möchtest, musst du deinen Private Key verwalten! Nur mit deinem Private Key ist es möglich die Coins auf beiden Blockchains zu verwalten. Nur in sehr seltenen Fällen übernimmt eine Exchange (Börse) diesen Service für dich und schreibt dir den neuen Coin gut.

Ein Fork ist ein hoch sensibles Thema in der Kryptowelt und deshalb oftmals schwer zu beurteilen. Wir kommen später auf dieses Thema zu sprechen, wenn wir über die Investment Strategien und Vorhersagen sprechen.

Die nächsten Seiten werden sich mit den grundlegenden Algorithmen einer Blockchain beschäftigen. *(Keine Sorge, es klingt viel komplizierter als es ist.)*

## Die Blockchain

### Proof of Work (PoW)

Proof of Work (zu Deutsch: Bestätigung durch Arbeit) ist wahrscheinlich die am häufigsten verwendete Basis einer Blockchain. Du hast wahrscheinlich bereits von dem Begriff „mining" (schürfen) gehört und dass viele Kritiker sagen, diese verbrauche extreme Mengen an Energie. Lass uns jedoch zunächst einmal sehen was dies überhaupt bedeutet. Wie wir bereits gelernt haben folgt, innerhalb einer Blockchain, ein Block dem anderem und muss bestätigt werden, um einen Konsens zu kreieren. Die Proof of Work Methode bedeutet, dass Miner kryptografische Aufgaben lösen, um eine Belohnung für dieses Lösen zu erhalten.
*(Das ist der Hintergrund der Namensgebung „Kryptowährung")*

Diese Aufgaben sind komplexe Rechenaufgaben, welche durch das Ausprobieren verschiedener Werte gelöst werden. Mit dem Lösen der Aufgabe betätigt ein Miner das die Transaktion, welche auf dem neu generierten Block gespeichert wird, korrekt durchgeführt wurde.
Normalerweise steigt die Schwierigkeit dieser Aufgaben kontinuierlich. Die Belohnung für das Kreieren eines Blockes hängt stark von der Kryptowährung selbst ab.

*(2009, als Bitcoin erstmals gemined wurde, bekam jeder Bitcoin Miner 50 BTC. Diese Belohnung halbiert sich alle 210.000 Blöcke. Dies passiert etwa alle 4 Jahre. Zurzeit (2018) bekommt jeder Miner 12,5 BTC pro Block.)*

Fragst du dich was passiert, wenn alle Kryptowährungen gemined wurden? Miner werden, wie du dich vielleicht erinnerst nicht nur durch die Blöcke entlohnt, sondern auch durch die Transaktionsgebühren, diese könnten steigen, wenn die Belohnungen der Blockgenerierung entfallen. Festzuhalten ist, dass Mining die einzige Möglichkeit ist neue Coins zu erschaffen.

Viele der bekanntesten Kryptowährungen nutzen den Proof of Work Algorithmus, wie z.B. Bitcoin, Litecoin, Z-Cash, SiaCoin und weitere.
Trotz alle dem steht diese Methode unter Kritik, da das lösen der Aufgaben nicht nur Zeitaufwendig ist, sondern auch viel Energie konsumiert, was den Prozess sehr teuer werden lässt. Dies ist einer der Gründe warum viele der besten Grafikkarten auf dem Markt ausverkauft sind – da Miner sie benötigen.

*(Beachte, dass wenn wir sagen „Miner lösen Aufgaben", keine Aufgaben wie 2+2=X gelöst werden. Es werden sehr komplexe Aufgaben mit Hilfe von „ausprobieren" gelöst.)*

Das oftmals kritisierte Problem der Umweltverträglichkeit ist hart zu beurteilen. Momentan gehen Experten davon aus, dass Bitcoin Mining in etwa 17 Terrawattstunden pro Jahr verbraucht (2017), was in etwa 0,1% des Weltenergieverbauches entspricht. Auf den ersten Blick scheint dies sehr viel zu sein, da es sich um eine Währung handelt, die nicht von vielen Menschen genutzt wird. Wenn wir allerdings einen Vergleich zu Gold ziehen, sehen wir, dass es nicht so hoch ist wie zunächst angenommen. Um den Vergleich einfacher zu gestalten, kann man die Produktion von Bitcoin und Gold in verbrauchten Öl Barrels umrechnen. Bitcoin verbraucht demnach in etwa 6,6 Millionen Barrels (Jahr 2017), während Gold satte 123,2 Millionen Barrels verbrauchte (2017).

Momentan ist das Minen der großen Kryptowährungen nicht mehr profitabel, aufgrund der zunehmenden Schwierigkeit und den hohen Elektrizitätskosten. (Es könnte, wenn man sich dazu entscheidet kleine Währungen zu minen.) Deshalb kommt es momentan zu der Bildung sogenannter „Mining Farms" in Island oder China, da dort die Elektrizität wesentlich günstiger ist. Private Personen können dort Graphikkarten mieten um BTC zu minen.

Als Resultat dieser Entwicklung stieg die Gefahr einer 51%-Attacke. Diese 51%-Attacke, beschreibt die Möglichkeit eines Mining Pool oder einer zentralen Person die Währung zu manipulieren. Das Bedeutet, sobald eine Partei 51% der Miningkapazitäten besitzt, könnte diese ein sogenanntes „Double Spending" (doppeltes ausgeben) durchführen. In der Spieltheorie gibt es ein Scenario namens „tragedy of the commons" oder „Tragödie des Allgemeingutes", welches folgendes beschreibt. Ein Gut wird in geringeren Umfängen produziert, als Nachfrage vorhanden ist; oder in größeren Mengen konsumiert als gewünscht.

In Bezug auf Bitcoin bedeutet dies, dass es einen Punkt geben könnte, an dem der Anreiz zu minen nachlässt (aufgrund geringerer Verdienstmöglichkeiten) und deshalb die Schwierigkeit einer 51%-Attacke fällt.

(Double Spendings beschreibt einen Prozess in dem eine Person ihre Coins doppelt ausgeben kann. Stell dir vor Person A hat 10€. Wenn er 51% der Miningkapazität besitzt, ist er in der Lage seine 10€ an B zu senden, um im Anschluss daran einen neuen „Weg" zu beginnen und die 10€ erneut auszugeben.)

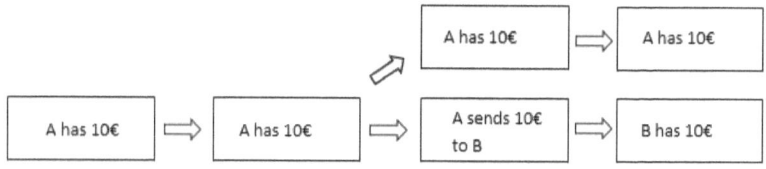

## *Lightning Network*

Wir haben bereits über das Scalability Problem gesprochen. Nachdem wir nun eine genauere Vorstellung von dem PoW System haben, wird dir vermutlich auffallen, dass dieses System im generellen Anfällig für dieses Problem ist. Bitcoin kämpft gegen dieses Problem an und erfand einen interessanten Lösungsansatz. Die Lösung lautet „Lightning Network" und beschreibt eine Methode Transaktionen neben der Blockchain zu verarbeiten. *(Zum Vergleich: Visa kann pro Sekunde 4000 Transaktionen verarbeiten, Bitcoin 7.)*

Die neue Art der Verarbeitung verspricht hierbei eine wesentlich höhere Scalability mit bis zu 1 Milliarde Transaktionen pro Sekunde und wesentlich geringeren Gebühren. Es scheint zu gut um wahr zu sein, lasst uns deshalb einen genaueren Blick auf dieses System werfen. Das Lightning Network kann als sogenannte Peer to Peer (Peer to Peer bedeutet, dass eine direkte Verbindung zwischen 2 Menschen besteht) Anwendung beschrieben werden, welche der Bitcoin Blockchain hinzugefügt wird. Das grundlegende System heißt „Payment Channels" und ermöglicht, dass nicht jede Überweisung über die Blockchain laufen muss.

Ein Payment Channel (zu Deutsch: Zahlungskanal) ist eine Verbindung zwischen zwei Nutzern, welche Bitcoin vom einem zum anderen senden können. Diese meist kleinen Transaktionen werden erst auf der Blockchain gespeichert, wenn der Kanal geschlossen wird. Die Dauer des Kanals kann von den Nutzern beliebig festgelegt werden. Dies ermöglicht es, dass nicht jede Transaktion, sondern lediglich das Ergebnis mehrerer Transaktionen auf der Blockchain gespeichert wird – das Bedeutet nur zwei Transaktionen werden gespeichert, eine zum Öffnen und eine zum Schließen des Kanals.

*(Du kannst es dir folgendermaßen Vorstellen: Sagen wir einmal Paul kauft jeden Morgen vor der Arbeit einen Kaffee. Wenn er diesen Kaffee ohne das Lightning Network bezahlen will, muss seine Überweisung bestätigt werden und auf der Blockchain gespeichert werden. Dies würde wahrscheinlich wesentlich mehr kosten, als der Kaffee selbst und der Ladenbesitzer würde Stunden auf sein Geld warten.*

*Das Lightning Network kann man sich als Safe vorstellen in dem einen Bilanz liegt. Paul und der Kaffeeladen können nun einen Payment Channel eröffnen, in dem Paul 100€ in den Safe legt und der Kaffeeladen nichts – da er Geldeingänge erwartet. An dieser Stelle muss die erste Transaktion getätigt werden, welche beide auf der Bilanz vermerkt werden.*

*Diese Bilanz ist auf der Blockchain gespeichert und ist für jeden ersichtlich und sicher. Ab sofort kann Paul über diesen Kanal bezahlen. Beim Bezahlen wird lediglich die Bilanz geändert. Nehmen wir einmal an der Kaffee kostet 3€, demnach wird nach dem Kaffeekauf die Bilanz von „Paul 100€ und Kaffeeladen 0€" zu „Paul 97€ und Kaffeeladen 3€" geändert.*

*Jede Partei erhält eine Kopie der geänderten Bilanz und Paul bekommt seinen Kaffee. Dies kann für immer so weiter gehen, weil Paul in der Lage ist durch weitere Transaktionen mehr Geld zu hinterlegen. Der Kanal kann von beiden Parteien jederzeit geschlossen werden, hierzu müssen Sie lediglich die Letzte Bilanz auf der Blockchain speichern.)*

Darüber hinaus kann das System nicht nur direkte, sondern auch indirekte Verbindungen nutzen. Das bedeutet, dass eine Überweisung von A zu D möglich ist, wenn A einen Kanal mit C und C einen Kanal mit D hat.

*(Zurück zu unserem Beispiel: Wenn Laura in diesem Laden einen Kaffee kaufen möchte, aber keinen Payment Channel mit diesem hat, jedoch mit Paul, so kann sie Paul als Mittelsmann nutzen.)*

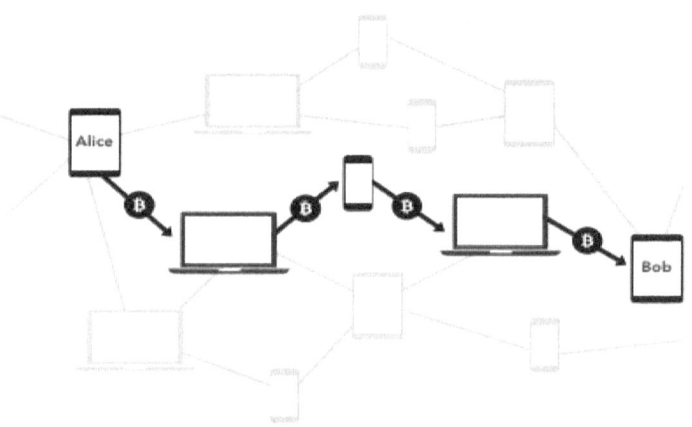

(http://coinews.io/en/category/1-kripto/article/81-francuzskaya-kompaniya-uspeshno-protestirovala-lightning-network)

Ein Nachteil in diesem System ist, dass es notwendig ist, dass der Mittelsmann genug Geld in seiner Bilanz haben muss. Ein weiteres Problem besteht aus finanzieller Sicht. Das Kapital, welches in einem solchen Payment Channel liegt kann nicht anderweitig genutzt werden, daher fallen Opportunitätskosten an. Eine Lösung für letzteres könnte sein, dass Banken oder andere Unternehmen als Mittelsmänner einspringen, was bisher jedoch nicht geplant ist.

Fakt ist, das Lightning Network kann den Bitcoin „retten", doch als alltägliche Währung eingesetzt zu werden, jedoch stehen noch viele Herausforderungen vor dieser Technologie.

## *Atomic Swaps*

Die Basis für Atomic Swaps ist das Lightning Network. Ohne dieses System wäre es nicht möglich Atomic Swaps durchzuführen. Diese Swaps (Tauschgeschäfte) sind wesentlich unkomplizierter als Sie klingen. Sie beschreiben einen Prozess, in dem man Kryptowährungen ohne eine zentrale Partei (Exchange) tauschen kann.

*(Schauen wir uns ein Beispiel an: Paul besitzt einen Bitcoin und will LTC kaufen. Laura besitzt 10 LTC und würde gerne BTC kaufen. Ohne Atomic Swaps müssten beide zu einer Exchange gehen und dort Kauf und Verkauf „Order" setzen. Mit dem neuen System ist es möglich, dass beide Parteien sich auf einen Preis einigen und ihre Währungen tauschen. Sagen wir 1 BTC ist 10 LTC wert. Paul sendet seinen Bitcoin zu der Bitcoin Blockchain und Laura ihre Litecoin zu der Litecoin Blockchain. Beide Transaktionen werden verbunden und können mit einer geheimen Nummer abgerufen werden.)*

(Theoretisch könnten, sofern mehrere Lightning Networks auf verschiedenen Blockchains existieren, Nutzer von verschiedenen Blockchains einen Payment Channel eröffnen um Coins zu handeln.)

Der ganze Prozess ist wesentlich unkomplizierter als es scheint, jedoch könnte er ein großer Vorteil für Bitcoin sein. Alle Kryptowährungen, welche auf Bitcoin basieren können Atomic Swaps nutzen.

Aufgrund des rasanten Entwicklungsfortschrittes kann man nicht vorhersagen, ob das Lightning Network und alle damit verbundenen Systeme die finale Lösung sind. Es könnte sein, dass eine völlig neue und noch bessere Technologie erfunden wird, jedoch ist das Lightning Network (an dem immer noch gearbeitet wird) momentan die beste Lösung.

## *Proof of Stake (PoS)*

Proof of Stake ist die stärkste Alternative zu Proof of Work, welche wir im letzten Kapitel behandelt haben. Im Gegensatz zu dem Miningprozess des PoW, müssen Nutzer nicht aktiv minen und Ressourcen verbrennen, der Konsensus wird durch „staken" (halten von Anteilen) kreiert. Dieses System kann mit den Zinszahlungen einer Bank verglichen werden. Genauer betrachtet bedeutet dies, ein Nutzer von (nehmen wir NEO, eine der bekanntesten PoS Coins) NEO wird dafür belohnt Coins in seinem Wallet (wir werden uns später damit beschäftigen) zu halten. Der Nutzer ist hier sowohl „Staker" als auch Miner, welcher mithilfe seiner Coins versucht einen bestimmten Wert zu finden, um eine Transaktion / Block zu validieren.

Im Gegensatz zu PoW, bei dem die verbrauchte Energie die Belohnung bestimmt, hängen bei PoS die Belohnungen von der Anzahl der Coins ab.

In dem Proof of Stake Algorithmus rät der „Staker" Lösungen, um die Gleichung zu lösen, wobei die Spanne der Lösungsvorschläge von der Anzahl der Coins abhängt. Die Belohnungen und Transaktionsgebühren werden demnach nach dem Anteil der vorhandenen Coins ausgeschüttet.
*(Dies hat zur Folge, dass man mit NEO z.b. 5,5% pro Jahr verdienen kann)*

Der größte Vorteil dieses Algorithmus ist, dass es viel weniger Energie konsumiert als PoW und man nicht die Gefahr einer 51%-Attacke hat.

Allerdings hat auch dieses System einen Nachteil. Viele Leute sind der Auffassung, dass PoS die Reichen bevorzugt, was allerdings nur teilweise zutrifft. Die Kritiker haben zwar Recht, dass mit zunehmender Anzahl von Coins eine größere „Stakingpower" besessen wird, jedoch hat dies keine Auswirkungen auf potenzielle Manipulationen, da Coins weder aus dem nichts erschaffen werden, noch kopiert werden können. Hinzu kommt der niedrige Anreiz diese kriminellen Aktivitäten durchzuführen, da das Staken keine kosten verursacht und er ohnehin verdient.

Ein weiteres, jedoch sehr theoretisches Problem, ist das „Nothing-at-Stake" Problem. Nutzer wären theoretisch in der Lage, unter gewissen unwahrscheinlichen Umständen, ein Double Spending durchzuführen. (Diese Situation ist sehr kompliziert und sehr unwahrscheinlich, daher ist es nicht wichtig, solltest du es nicht zu 100% verstehen.)
*(Dieses Problem nimmt folgende Situation an: Es gibt zwei Blöcke, die gleichzeitig erschaffen wurden und beide gütig sind. Im PoW Algorithmus würden sich die Leute für den Einen oder den Anderen entscheiden, da das Mining Ressourcen verbrennt.*

In PoS kann es passieren, dass 99% Block A nehmen und 99% Block B, da es darum geht die zu erhaltenden Gebühren zu maximieren – wenn man auf den falschen Block setzt bekommt man keine Belohnung. Nun könnte es sein, dass die letzte Partei eine Transaktion in B macht und nachdem diese bestätigt wurde, Block A validiert und so das Geld doppelt ausgeben kann.

Dies ist möglich da man keine Ressourcen (Zeit, Energie, Geld) verbrennt und es daher „nicht schlimm ist" immer auf beide Pferde zu setzen. (Für die unter euch die es noch nicht verstanden haben, es aber wollen. Dieses Video erklärt den Sachverhalt sehr gut, auch wenn es in Englisch ist:
https://www.youtube.com/watch?v=pzIl3vmEytY

Wie bereits erwähnt handelt es sich hierbei um ein höchsttheoretisches Problem, welches in unseren Augen niemals Auftreten wird.

## *Delegated Proof of Stake (DPoS)*

Delegated Proof of Stake ist ein neuerer und demokratischerer Algorithmus basierend auf PoS.
*(Der bekannteste Vertreter dieser Gruppe ist STEEM.)*
Wie in einem demokratischen System kann der Halter der Coins seine Stimmrechte an einen sogenannten „Witness" oder „Representative" weitergeben. Der Delegierte arbeitet wie ein Politiker im Auftrag des Wählers und bestätigt Blöcke. Dieses System unterstützt zusätzlich sowohl die Dezentralisierung, als auch die Demokratie.

## *Trustless Proof of Stake (TPoS)*

Eine weitere interessante Weiterentwicklung des PoS ist das TPoS, welches immer noch eine Art Insidertechnologie ist. Das TPoS System wurde von XSN (früher bekannt unter POSW) erfunden und beschreibt ein System in welchem der Nutzer die Möglichkeit hat seine Coins ohne ein laufendes Gerät zu staken. Die Idee dahinter ist, dass der Nutzer einen sogenannten „Merchant" auswählen kann, welcher die Coins für ihn verwaltet – selbstverständlich erhält der Nutzer hierfür seine Zinsen; der Merchant bekommt eine Art Provision.

Der Hauptvorteil ist, dass man nicht selbst die Coins staken muss. Die Formalitäten übernimmt ein TPoS Vertrag, in welchem der Nutzer dem Merchant die Rechte des Stakens überträgt – dieser Vertrag kann jederzeit gekündigt werden. (Dieser „Vertrag" besteht nur aus 3 Richtlinien: Der Adresse des Merchants, der zu Verfügung stehenden Coins und die Provision in %)

Letztendlich ist dies eine sehr interessante Alternative zu anderen PoS Coins, da man keine eigene Hardware benötigt. Beim diversifizieren deines Portfolios könnte dies ein interessanter Faktor sein, da zukünftig auch das staken über den Ledger möglich ist. (Wir werden Ledger später behandeln.)

## *Proof of Burn (PoB)*

Ein weiterer Algorithmus lautet Proof of Burn, welcher ähnlich wie PoS wenig Energie verbraucht. Der Miner muss Coins an eine ungenutzte Adresse senden und erhält im Gegenzug Punkte als Belohnung. Diese Punkte sind vergleichbar mit der Hash-Rate (ein Maßstab, den wir später kennen lernen) und werden zur Validierung genutzt.

Wichtig ist, dass dieser Algorithmus nur in Kombination mit anderen Systemen funktioniert – da man, bevor man Coins verbrennt, diese erst erschaffen muss.
Die Idee dahinter ist, eine Attacke wie die Nothing-at-Stake Problematik zu vermeiden, da PoB dies deutlich erschwert.

## *Proof of Importance (PoI)*

Der bekannteste Proof of Importance Coin ist NEM (einer der größten Kryptowährungen), welcher ein unbekanntes System mit großem Potenzial vertritt.

In diesem System sammelt der Nutzer Punkte auf einer „Importance" (Wichtigkeit) Rangliste. Diese Punkte werden als Referenz, für die Glaubwürdigkeit des Nutzers, genutzt. Der Nutzer validiert Transaktionen, wie in jeder anderen Blockchain Technologie. Er startet unabhängig von seinem Vermögen mit 0 Punkten.

Wenn jemand falsche Bestätigungen macht oder versucht zu betrügen fällt seine Punktzahl. Damit verbunden nimmt auch die Möglichkeit Belohnungen zu erhalten ab. Du kannst dieses System mit Bankberatern vergleichen. Du vertraust ihnen, wenn sie gute Bewertungen haben oder dir persönlich empfohlen wurden, aber wenn sie schlecht bewertet wurden, verzichtest du auf sie.

NEM verlangt 10.000 Coins um an diesem Miningsystem teilzunehmen, was in etwa 4.000€ entspricht (März 2018). (Dies kann jedoch nach unten angepasst werden, sollte der Wert des Coins weiter steigen. Wenn dich dieses System interessiert kannst du weitere Informationen dem Whitepaper von NEM entnehmen.)

Ein theoretisches Problem würde auftreten, wenn der Coin nicht von sich selbst kontrolliert werden würde, da Leute sich sonst gegenseitig gute Bewertungen zuspielen könnten. Dies könnte dazu führen, dass kriminelle Organisationen sich gegenseitig hochwählen könnten. Dies wird jedoch durch verschiedene Protokolle innerhalb von NEM kontrolliert, daher besteht hierzu keine Gefahr.

## *Proof of Signature (PoSign)*

Die zurzeit einzige Kryptowährung, die das System Proof of Signature benutzt, ist Xtrabytes (XBY). Sie macht einige interessante Vorschläge, die das Beste von PoW und PoS verbinden soll.

Xtrabytes nutzt ein Netzwerk, welches von echten und virtuellen Nodes gewartet wird. Letztere sind kleine Nodes, welche auf physischen Nodes basieren. Die Transaktionen werden von den Nodes validiert, die online sind und werden ein zweites Mal von denen die offline sind kontrolliert. Hinzu kommt das System PULSE (Ping Unified Leger Synchronization Equalizer).

PULSE sucht und alarmiert Nodes. Wenn eine Transaktion erstellt wird, wird diese nach der Erstellzeit geordnet und danach verarbeitet. Durch dieses System können bis zu 10.000 Transaktionen pro Sekunde verarbeitet werden. Eine sehr wichtige Eigenschaft ist, dass Blöcke nicht gemined werden und daher die Gefahr einer 51%-Attacke nicht besteht.

Aufgrund ihres geringen Energieverbrauches und Ihrer hohen Skalierbarkeit, besitzt diese Technologie ein großes Potenzial für die Zukunft.
Es gibt darüber hinaus noch viele weitere Algorithmen, aber wir werden an dieser Stelle aufhören, da die erwähnten die wichtigsten momentan vorhandenen Systeme repräsentieren.

Die Blockchain ist nicht die einzige Basis für eine Kryptowährung, im Gegenteil es gibt noch zwei weitere Varianten: Tangle und Hashgraph.

# *Tangle*

Tangle ist eine starke Alternative zu der klassischen Blockchain und zielt darauf ab die Kosten drastisch zu reduzieren, sowie die Scalability zu erhöhen, um geeignet für das sogenannte „Internet of Things" zu sein. Der Existenzgrund dieser Technologie ist ausschließlich wirtschaftlicher Natur, wie z.B. das autonome bezahlen von Maschinen und dem Internet of Things.

*(Für diejenigen die noch nie vom Internet of Things gehört haben: Es beschreibt den Vorgang von Maschinen die unabhängig vom Menschen arbeiten und kommunizieren. Dies mag wie Si-Fi klingen, doch ist es bereits ein sehr aktuelles Thema.)*

Das Tangle hat ein signifikantes Potenzial, jedoch wird man abwarten müssen, ob es den hohen Ansprüchen gerecht wird. Unabhängig davon werden wir im Folgenden Teil die Technologie und was dahinter steht genauer analysieren. Zudem werden wir zu einem späteren Zeitpunkt nochmal auf dieses Thema zurückkommen, da es einen großen Anwendungsbereich abdeckt.

*(Die bekannteste Kryptowährung, die auf Tangle basiert ist IOTA, welche eine der 10 größten Coins ist (März 2018).)*

## *Was ist Tangle?*

Zu aller erst ist Tangle, genau wie die klassische Blockchain, ein „distributed Ledger", also ein dezentrales Netzwerk. (D.h. es gibt keine zentrale Gewalt, die diese Währung verwaltet.) Auch hier müssen Transaktionen einen Konsensus kreieren, um validiert zu werden.

Du erinnerst dich vielleicht daran wie die Blockchain aussah – ein Block folgte dem anderen in einer bestimmten Reihenfolge. Tangle hingegen ist komplett verschieden. Die Organization der Blöcke ist nicht geordnet, sondern in sich verzweigt, wie du hier sehen kannst:

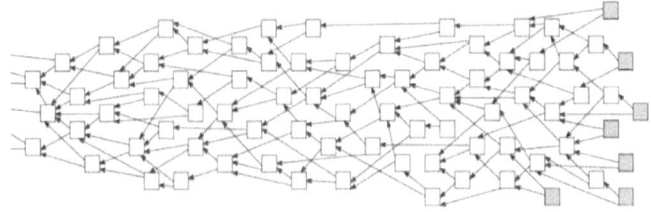

(https://www.nasdaq.com/article/what-is-the-tangle-and-is-it-blockchains-next-evolutionary-step-cm911074)

Das System arbeitet von links nach rechts, wobei die grauen Blöcke (*tips*) die neusten unbestätigten Enden der Blockchain sind. Du wirst dich wahrscheinlich daran erinnern, dass wir in der Blockchain-Technologie verschiedene Wege hatten einen Konsensus zu kreieren.

*(Wiederholung: Der Proof of Work Algorithmus nutzt Miner zum Validieren von Transaktionen. Diese Miner werden mit den gemined Coins und den Gebühren für ihre Arbeit belohnt.)*

Möchte jemand eine Transaktion innerhalb des Tangle Netzwerkes durchführen ist dies nicht Notwendig. Um eine Transaktion in Auftrag zu geben, muss man zunächst zwei andere Transaktionen validieren. Es kann passieren, dass Blöcke mehr als zwei Validationen bekommen, da die Zuweisung zufällig geschieht. Im Grunde bedeutet dies, dass es keine Unterscheidung zwischen Node, Full Node und Minern gibt. Jeder Node wird automatisch zum Miner, wenn er eine Transaktion beauftragen möchte.

Aufgrund dessen ist es möglich eine Transaktionsgebühr von 0 € zu erreichen. Ein weiterer Vorteil zu der klassischen Blockchain ist, dass Kryptowährungen wie IOTA, umso schneller werden, desto mehr Leute sie nutzen. Kurz gesagt: Tangle besitzt eine unbegrenzte Skalierbarkeit.
Im Gegensatz zur klassischen Blockchain, ist Tangle Quantensicher, was bedeutet, dass die große Gefahr der Quantencomputer für Tangle nicht existent ist.
IOTA nutzt ein Tangle Netzwerk, welches auf einer regionalen Basis arbeitet – Transaktionen werden von den Menschen um dich herum bestätigt.
*(Zum Beispiel: Wenn du in Westdeutschland bist, bestätigst du vorwiegend Transkationen aus Westdeutschland. Das gleiche gilt für jede andere Region der Welt.)*

## *Was sind die Probleme von Tangle?*

Ein Problem in diesem System ist, dass der Hauptanreiz darin liegt die Transaktion des Vorgängers zu bestätigen – ob sie korrekt oder falsch ist. Natürlich werden falsche Transaktionen gefunden und korrigiert, aber wenn eine Transaktion einen falschen Vorgänger hat riskiert sie nicht bestätigt zu werden. Da diese Technologie noch sehr neu ist, ist noch nicht zu 100% bewiesen, ob sie einwandfrei funktioniert.

Ein weiteres technisches Problem ist die Anfälligkeit einer 34%-Attacke. Das bedeutet, dass das Tangle unsicher sein könnte, wenn eine Partei 34% oder mehr des Netzwerkes kontrolliert. IOTA löst dieses Problem durch sogenannte Koordinatoren.
*(Koordinatoren sind einflussreiche Nodes die das Netzwerk kontrollieren. Der Koordinator sammelt sogenannte Snapshots (Schnappschüsse) des Tangles und speichert diese zum Schutz.)*
Dieser Node speichert diese Daten allerdings auf einem zentralen Server und verstößt damit gegen die „moralischen Grundsätze" einer Kryptowährung. Auch wenn IOTA erklärte, dass dies nur so lange durchgeführt werde, bis genug Menschen das Netzwerk nutzen, ist dies ein oft zitierter Kritikpunkt.

## *Ergebnis*

Die Tangle Technologie unterscheidet sich grundlegend von allem was wir bis dahin kannten und ist eine interessante Alternative zur klassischen Blockchain. Aufgrund ihrer jungen Geschichte, gibt es noch einige Probleme. An diesem Punkt ist es jedoch schwer zu beurteilen, ob sich diese Technologie durchsetzt oder nicht. Jedoch überwiegen momentan die faszinierenden Anwendungsmöglichkeiten, auf die wir an späterer Stelle nochmals genauer eingehen werden.

# _Hashgraph_

Die letzte Konsensus-Methode, die wir hier erörtern werden nennt sich Hashgraph. Diese Technology ist die jüngste Alternative zu der Blockchain. Bekannt wurde sie Ende 2017 und verfügt ebenfalls über ein enormes Potenzial, weshalb wir uns diese hier näher anschauen werden.

## _Was ist Hashgraph?_

Wie bereits erwähnt ist dies eine weitere Alternative zur Blockchain und für manche Menschen bereits das nächste Level von dezentralen Netzwerken. Dieser Algorithmus beschreibt sich selbst als „voting algorithm".

_(Ein „voting algorithm" ist ein Weg eine Transaktion auf einer Peer to Peer Basis zu verarbeiten. Das bedeutet, Nodes „reden" miteinander und bestätigen Transaktionen nachdem sie sich über den Konsensus einig sind, dies könnte so aussehen:_

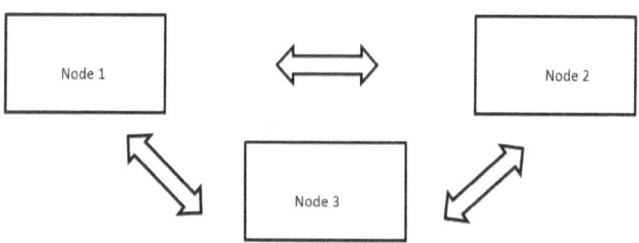

_(Dieser Weg eine Transaktion zu bestätigen ist sehr gut, da es unmöglich ist das System zu zentralisieren, jedoch auch sehr aufwendig, da viele Nachrichten unter den Nodes versendet werden müssen. Daher wurde diese Methodik nicht verwendet bis Hashgraph gegründet wurde.)_

Die Idee von Hashgraph ist ein Protokoll namens „Gossip Protocol". Wie der Name vermuten lässt, beschreibt dieses Protokoll, dass ein Node seine Informationen dem nächsten gibt. Dieser zweite Node wird zufällig ausgewählt und bekommt alles erzählt was der Erste „weiß" – und so weiter. Wie du vielleicht vom echten Leben weißt verbreiten sich Gossips (Gerüchte) sehr schnell und dies ist genau was das Gossip Protocol erreichen will. Die Informationen die unter den Nodes geteilt wird enthält 3 Hauptfragen:
1) Was? → Was ist passiert? (Auf die Transaktion bezogen)
2) Wer? → Wer stellte die Information zu Verfügung?
3) Wann? → Wann wurde die Information zu Verfügung gestellt?

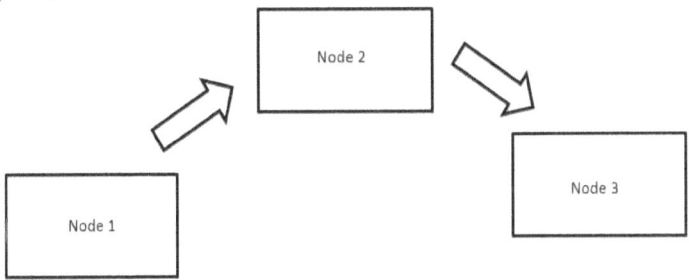

Aus diesem Grund bezeichnet sich Hashgraph als „fair". *(Fair bezieht sich auf die Reihenfolge, in der die Transaktionen bearbeitet werden. Du erinnerst dich vielleicht, dass in dem PoW System der Miner die Transaktion auswählt, welche die höchste Gebühr zahlt.)*

Hashgraph verspricht, dass alle Transaktionen nach dem Wann? geordnet werden.
Diese neue Methode des „voting algorithm" nennt sich „virtual voting" (virtuelles Wählen). Hier ist es nicht notwendig, dass jeder Node mit allen anderen kommuniziert, da der letzte Node alle Informationen seiner Vorgänger besitzt. Diese Prozedur ermöglicht es dem System wesentlich schneller zu arbeiten.
*(Hashgraph gibt an bis zu 250.000 Transaktionen pro Sekunde verarbeiten zu können.)*

## *Was sind die Probleme von Hashgraph?*

Leider hat diese Technologie einen sehr großen Nachteil – die Technologie ist patentiert, das bedeutet, sie kann von niemandem ohne die Erlaubnis des Erfinders benutzt werden. Um diese Technologie nutzen zu können, muss man ein Software-kid anfragen, welches nicht „open source" ist. Was bedeutet, dass sie momentan nicht für eine Kryptowährung genutzt werden kann.
Was das Unternehmen hinter Hashgraph (Swirlds) mit der Technologie macht bleibt abzuwarten. Viele gehen davon aus, dass sie diese Technologie für die Wirtschaft zurückhalten, um diese an große Unternehmen zu verkaufen.

## *Ergebnis*

Fakt ist, diese Technologie bietet ein großes Potenzial für vielerlei Anwendungsmöglichkeiten. Daher ist es wichtig für uns dieses System besprochen zu haben, für den Fall, dass es sich eines Tages durchsetzt. Abhängig vom Patentrecht, könnte diese Technologie in ein paar Jahren der Kryptowelt zugänglich sein.

# *Wallets & Sicherheit*

Eines der wichtigsten Themen in Bezug auf Kryptowährungen ist zeitgleich eines der am wenigsten recherchierten Gebiete. Es gibt sehr viele verschiedene Wege eine Kryptowährung zu lagern und zu sichern, deshalb werden wir uns in diesem Kapitel mit den Vor- und Nachteilen dieser Möglichkeiten beschäftigen. Du musst daran denken, dass eine Kryptowährung ein reines digitales Gut ist, daher kontrolliert derjenige, der den Private Key kontrolliert, deine Werte. Es ist sehr wichtig für uns dies besonders zu betonen. Genau wie bei deinem Bankkonto lautet die wichtigste Regel, schütze deinen PIN (Private Key) und teile ihn nur mit denen, denen du zu 100% traust.

## *Was ist eine Wallet?*

Du kannst dir eine Wallet als ein Safe für einen Private Key vorstellen. Du wirst dich hoffentlich daran erinnern können, dass du alle deine Werte mit deinem Private Key verwaltest, der direkt mit deinen Coins im Netzwerk verbunden ist. Es gibt verschiedene Wege deinen Private Key zu schützen und diese Schutzmaßnahmen bezeichnet man im Allgemeinen als Wallet.
Dem Nutzer stehen zahlreiche Möglichkeiten zu Verfügung wie z.B. „Paper Wallets", „Soft und Hard Wallets" (...) und die grundlegende Unterscheidung zwischen „Hot Wallets" und „Cold Wallets".

# *Cold Wallets*

Die sogenannten „Cold Wallets" sind eine Art Wallet, bei der der Private Key offline gespeichert wird, mit keiner Verbindung zum Internet.

## *Paper Wallet*

Eine Paper Wallet ist der wahrscheinlich sicherste Weg deine Coins zu lagern, jedoch auch gleichzeitig einer der umständlichsten. Eine Paper Wallet ist nichts anderes als das Erstellen eines Private Keys und dem Aufschreiben auf ein Stück Papier.

*(Es gibt jedoch einige wichtige Dinge, die du beachten solltest, wenn du Coins so lagern möchtest:*
*1. Generiere den Private Key selbst und nutze keinen Onlinegenerator.*
*2. Schreibe den Private Key mit deiner Hand, deutlich und mit einem Wasser und Hitzebeständigen Stift. Denk dran, dies sollte Jahre oder Jahrzehnte „überleben".*
*3. Drucke den Private Key nicht aus, dein Drucker könnte ihn gespeichert haben.*
*4. Fertige mehr als eine Kopie an und verteile sie an verschiedenen geografischen Orten, im Fall von Einbrüchen, Naturkatastrophen oder anderen.*
*5. Speichere den Private Key auf keinem elektronischen Gerät.*

Wenn du diesen Anweisungen folgst kann dein Private Key nur physisch gestohlen werden. Dieser Typ der Lagerung ist sehr sicher, leider jedoch auch sehr umständlich, da du deine Werte nicht leicht verwalten kannst. Theoretisch müsstest du nach jedem eingeben des Private Keys einen neuen erstellen, um Spy Software vorzubeugen. In welchem Umfang du dies Berücksichtigst liegt in deinem Ermessen. Du kannst die Public Address ohne Zweifel auf deinem Computer speichern, da er, wie wir bereits gelernt haben, nicht genutzt werden kann deinen Private Key zu ermitteln.

## *Mind Wallet*

Die zweite Alternative eines Cold Wallets, ist die Mind Wallet. Sie beschreibt, dass du den Private Key auswendig lernst und deshalb keine Kopie des Private Keys benötigst. Um ehrlich zu sein ist es sehr unwahrscheinlich, dass Menschen den Private Key auswendig lernen, da er üblicherweise sehr lang ist. Ganz zu schweigen von dem Risiko den Private Key zu vergessen oder dir etwas zustößt.

# *Hot Wallets*

Hot Wallets werden auf einem Gerät mit Internet Zugang gespeichert. Diese Hot Wallets müssen nicht unsicher sein, jedoch ist es wichtig die Risiken von Ihnen zu kennen, da heute nahezu alles gehackt werden kann.

## *Soft Wallet*

Soft Wallets sind eine sehr beliebte Möglichkeit den Private Key zu speichern. Eine Soft Wallet ist eine Software, welche als Save für deinen Private Key fungiert. Hier speicherst du deinen Private Key mit einem Passwort. Es ist wichtig zu betonen, dass dein Computer gehackt werden kann und das Passwort daher nie auf deinem PC gespeichert werden sollte.

*(Zu deiner eigenen Sicherheit, raten wir dir dazu, den Private Key auf einem extra Papier aufzuschreiben – wie ein Paper Wallet. Für den Fall, dass dein Gerät einen Defekt hat, kannst du so einfach auf deine Coins zugreifen, falls du den Private Key nicht mehr hast sind deine Coins verloren. Daher ist es wichtig IMMER einen Plan B zu haben – denk an das „Was wäre wenn?".)*

## *Hard Wallet*

Eine Hard Wallet ist eine Kombination aus Cold Wallet und Hot Wallet. Diese Art von Wallet wird von Unternehmen wie Ledger oder Trezor, als eine Art USB-Stick hergestellt. Allerdings ist dies kein normaler USB-Stick. Im Gegenteil die Besonderheit ist, dass man einen PIN Code an der Wallet direkt eingeben muss, um auf diese zugreifen zu können.

Das Unternehmen Ledger fertigt Back-Ups von deinen Daten an, welche es dir ermöglichen deine Daten wiederherzustellen, auch wenn der Ledger und die Private Keys verloren wurden. *(Dies hat Vor- und Nachteile, welche wir an dieser Stelle nicht weiter erörtern möchten.)*
Andere Hersteller von Hard Wallets bieten diesen Service nicht an, jedoch ist es wichtig diese Eigenschaft von Ledger zu kennen. Selbst hier ist es wichtig eine Paper Wallet als Back-Up zu erstellen, für den Fall des Datenverlustes.
Die Besonderheit von Trezor ist, dass du die Hardware berühren musst bevor du einen PIN eingeben kannst, um deine Coins zu verwalten.

## *Exchanges*

Exchanges (Börsen) sind der wahrscheinlich beliebteste Weg seine Coins zu lagern und wohl auch der bequemste. Wenn du deine Coins auf einer Exchange hältst kannst du sie leicht handeln und versenden. In diesem System verwaltet die Exchange die Private Keys für dich.

ABER, diese Methode ist mit einem sehr hohen Risiko verbunden. Erinnere dich daran, dass du nicht direkt die Private Keys besitzt. Wenn die Exchange gehackt wird, kannst du deine Coins verlieren. Aus diesem Grund denken viele Menschen, dass eine Blockchain gehackt werden kann und Hacker deine Coins stehlen könnten. Es ist wahr, dass im Jahr 2017 einige Exchanges, gehackt wurden und eine Menge Coins gestohlen wurde. Dies geschah jedoch nicht, weil Kryptowährungen schwer zu sichern sind – es geschah aus Unwissenheit und Faulheit.

## *Deterministic Wallets*

Wenn du eine Hot Wallet benutzt kann es passieren, dass sich deine Public Address von Zeit zu Zeit verändert. Dir ist vielleicht schonmal aufgefallen, dass sich die Public Address auf deiner Exchange ebenfalls ändert – du magst vielleicht sogar schonmal Angst bekommen haben du hättest deine Coins an die falsche Adresse gesendet. Zu aller erst ist dieser Mechanismus nichts wovor man Respekt oder Angst haben müsste!

*(Deterministische Wallets, wie sie übersetzt heißen, sind ein zusätzliches Sicherheitsfeature. Nehmen wir einmal IOTAs light Wallet als Beispiel. Das Erste, was du tun musst ist einen „Seed" (Samen) zu erstellen, welcher in IOTAs Fall 24 Zeichen lang ist. Diese Zeichen können zufällig eingegeben werden und stellen den Seed deiner Private Keys dar.*

*Wenn du dich das erste Mal anmeldest, kreiert dein Wallet einen ersten Private Key mit dazugehöriger Public Address, auf die du Coins erhalten kannst. Beim nächsten anmelden, kannst du eine neue Public Address erstellen oder diese ändert sich automatisch. Diese basiert auf deinem ersten Private Key und steht in direkter Verbindung zu deinem Seed. Aus der Kombination zwischen Seed und erstem Private Key wird ein weiterer erstellt. In der Folge dieses Prozesses werden alle deine erstellten Private Keys zusammenaddiert und als totale Bilanz angezeigt.)*

Dieser Prozess garantiert eine noch höhere Sicherheit, da deine Coins nun verteilt auf mehreren Private Keys liegen. Es ist zwar, wie wir bereits gelernt haben, unmöglich einen Private Key zu hacken, jedoch sind deine Coins auch vor einem „Erraten" sicher. Selbst wenn ein Private Key doppelt vergeben wird, was theoretisch passieren könnte, würdest du nur einen Teil deiner Coins verlieren. *(Mach dir keine Sorgen, dass jemand deinen Private Key erraten kann oder dein Private Key doppelt vergeben wird, es ist wahrscheinlicher 5-mal am Stück im Lotto zu gewinnen und danach vom Blitz getroffen zu werden.)*

## *Wie schütze ich meine Werte?*

Es gibt ein paar wichtige Regeln, die du befolgen solltest, denn es sehr wichtig das du dich gut mit diesem Thema beschäftigst.
Zuerst ist es wichtig, dass du dich für eine Wallet entscheidest die am besten zu deinen Anforderungen passt. Diese unterscheiden sich, ob du dich mehr auf das tagtägliche Handeln, oder auf das lange Halten fokussierst. Sei dir darüber im Klaren, dass die Exchange deine Private Keys hält.

Des Weiteren sollte dir klar sein, dass Wallets von Shitcoins Viren enthalten können. Deshalb solltest du gründlich überprüfen, ob die Quelle Vertrauenswürdig ist. Unnötig zu erwähnen, dass man vermeiden sollte Programme mit unbekanntem Hintergrund runter zu laden oder Seiten mit zwielichtigen Hintergrund zu besuchen!

Es kann nicht oft genug wiederholt werden: Du brauchst immer einen Plan B. Sichere deine Wallets, Exchanges oder Ledger an verschiedenen geografischen Plätzen, um Sie gegen Diebstahl, Naturkatastrophen und so weiter zu schützen.

Im Allgemeinen gibt es nicht den einen Weg deine Coins zu sichern. Im folgenden Paragraph werden wir uns einige zusätzliche Sicherheitsvorkehrungen ansehen. Ob du diese anwendest und in welchem Umfang liegt selbstverständlich in deinem Ermessen.

## *VPN*

Eine VPN ist ein virtuelles privates Netzwerk – eine Möglichkeit deine IP Adresse zu schützen durch das Nutzen einer temporären anderen. Das bedeutet, dass Hacker und Internetanbieter nicht sehen können von wo das Signal kommt. Der Hintergrund hierfür liegt darin, dass Hacker in der Lage sein könnten in dein Heimnetzwerk einzudringen und persönliche Daten zu stehlen.

Hacker suchen nach Wallet-Verbindungen, um den Nutzer zu finden. Da eine Wallet ein einzigartiges Muster besitzt, in dem es Daten runter- und hochlädt, könnten diese erkannt und geortet werden.

Eine VPN lenkt diese Signale um und macht es den Hackern schwerer dich zu lokalisieren. Auch wenn eine VPN eine gute Möglichkeit sind deine Sicherheit zu erhöhen, bedeutet dies nicht das du unsicher bist, wenn du keine benutzt.

## *2FA*

Ein 2FA oder ein two-factor-authenticator ist ein Muss in der Kryptowelt! Unabhängig von der Exchange, auf der du handeln wirst, solltest du immer einen 2FA aktiviert haben. Der Google Authenticator ist der bekannteste und sicherste Vertreter – es ist eine App, die alle 20 Sekunden ein neues Passwort generiert und ist mit deinem jeweiligen Konto verbunden.

*(Die Software dahinter nennt sich TOTP Protokoll (Temporary One Time Password, Deutsch: vorübergehendes einmaliges Passwort.)*

## *Ergebnis*

Während die gesamte Welt von Tag zu Tag digitaler wird ist Datensicherheit eines der aktuellsten Probleme. Kryptowährungen sind hiervon nicht ausgenommen, daher ist es überlebenswichtig für jeden Nutzer ein Experte auf dem Gebiet Sicherheit zu sein.

Neben all den Regeln und Sicherheitsvorkehrungen gibt es eine Maßnahme, die dein Risiko deutlich minimieren kann und heißt „Understatement". Selbst wenn du über eine Millionen in Kryptowährungen hast, solltest du niemals darüber reden. Es kann dich nur in den Fokus von Hackern rücken.

Zu guter Letzt ist es sehr wichtig, dass du egal welche Wallet du benutzt immer jemanden zeigst wie er auf deine Coins zugreifen kann. Kryptowährungen sind immer noch mit einer großen Unsicherheit verbunden und momentan kennen sich die wenigsten mit diesem Thema aus. Auch wenn es etwas ist woran man ungerne denkt, ist es wichtig daran zu denken, dass dir etwas zustoßen könnte und du nicht in der Lage wärst auf die Coins zuzugreifen. Es wäre sehr ärgerlich, wenn du und deine Familie große Werte verlieren würdet, weil niemand weiß wie man auf sie zugreift.

Nimm dir Zeit um einen „Was wäre wenn?" Plan zu erstellen. Der positive Nebeneffekt ist, dass du sie vielleicht auch von dem Thema Kryptowährungen überzeugen kannst.

# _Mining_

Wir haben Mining schon des Öfteren erwähnt, jedoch werden wir dies nochmal kurz Wiederholen. *(Mining ist der Prozess in welchem Transaktionen validiert werden, indem man kryptografische Formeln löst/errät. Wie bereits erwähnt werden die Lösungen erraten, um einen Konsensus zu kreieren. Dieser Prozess wird von der „Mining Difficulty" und der „Hash-Rate" definiert.)*
Um diese Aufgabe zu lösen benötigt man in dem PoW System Grafikkarten und viel Energie. Es ist notwendig, das Mining kosten kreiert (oder Opportunitätskosten), da sonst der Anreiz falsche Transaktionen zu bestätigen zu groß wäre.

## _Mining Difficulty_

Die Mining Difficulty (Schwierigkeit des Minens) beschreibt wie schwer es ist eine Lösung zu finden, um den Block zu validieren. Diese Schwierigkeit hängt ganz von der Kryptowährung selbst ab, daher können sich diese deutlich unterscheiden.

Alle Kryptowährungen, die auf dem PoW Algorithmus basieren, erhöhen ihre Mining Schwierigkeit von Zeit zu Zeit. Der Grund dafür ist, dass die Anzahl der Miner normalerweise mit der steigenden Blockverarbeitung ansteigt. Das heißt, wenn die Schwierigkeit gleichbleiben würde, würden die Blöcke zu schnell erstellt werden.

*(Du kannst es dir folgendermaßen Vorstellen: Stell dir ein Zahlenschloss vor, um einen Block zu validieren musst du das Schloss öffnen. Zuerst hat es 3 unbekannte Zahlen und alle Miner versuchen das Schloss zu öffnen (1000 Zahlenkombinationen). Mit zunehmender Mining Schwierigkeit, bekommt das Schloss eine weitere Ziffer hinzu, daher müssen dann 4 Zahlen erraten werden (10.000 Zahlenkombinationen).)*

*(Wenn du dich an das PoW Kapitel zurück erinnerst fällt dir auf, dass mit zunehmender Schwierigkeit, die Belohnung abnehmen. Deshalb sagen viele Experten, dass Bitcoin mining nicht mehr profitabel sei.)*

## *Hash-Rate*

Die Hash-Rate beschreibt die Rate, in der der Miner Lösungen überprüfen kann (meist pro Sekunde). Diese Hash-Rate wird meist in MH/s (Mega Hash) und TH/s (Terra Hash) bewertet.
*(Zurück zu unserem Bespiel mit dem Schloss: Die Hash-rate beschreibt wie viele Lösungen der Miner pro Sekunde ausprobieren könnte.)*

## *Wie kann ich minen?*

Es gibt verschiedene Wege zu minen, aber denk daran, dass alles von deinem Gerät abhängt, mit dem du minen möchtest.

## *CPU Mining*

CPU Mining, ist minen mit einem normalen Computer – dies ist der wohl bequemste Weg, allerdings auch der am wenigsten profitabelste. Ein normaler Computer, der relativ neu ist kann bis zu 25 MH/s erreichen, was nicht ausreicht um gegen Mining Pools mit mehreren TH/s zu minen.

## *GPU Mining*

Die meisten Privatpersonen nutzen das sogenannte GPU Mining – minen mit einer Grafikkarte. Eine gute Grafikkarte kann bereits bis zu 30MH/s erreichen und verbraucht wesentlich weniger Energie als ein Computer. Deshalb sind so viele Gaming-Grafikkarten ausverkauft.

## *ASIC Mining*

ASIC Mining ist die Nutzung von speziellen Equipment zum Minen. Diese Computer wurden alleine zum minen produziert und können neben dem Minen nichts anderes. Diese ASICs werden von allen Mining-Farmen genutzt, da sie eine noch größere Kapazität haben.

Solltest du mehr über Mining und die Möglichkeiten damit Geld zu verdienen erfahren wollen, kannst du tausende Rechner im Internet konsultieren. Aus unserer Sicht lohnt sich das Minen der großen Kryptowährungen nicht mehr. Die einzige Möglichkeit wäre, kleine unterzeichnete Coins zu finden, welche größere Belohnungen anbieten.

# *Initial Coin Offerings (ICOs)*

Der Begriff Initial Coin Offering basiert auf dem Initial Public Offering aus dem Aktienmarkt. In der Tat gibt es einige Ähnlichkeiten zwischen einem ICO und einem IPO. Ein IPO ist ein Event, in dem ein Unternehmen, dass Aktien ausgeben möchte, ihre Aktien zu Investmentbanken und ausgewählten Investoren gibt, die wiederrum diese Aktien an die Börse bringen.

*(Normalerweise kann man als „normale Person" nicht an solchen IPOs teilnehmen, da die Aktien zuerst Banken angeboten werden bevor sie an der Börse zu erhalten sind.)*

Ein ICO hingegen ist für jeden frei zugänglich und es existieren meist keine Ausgrenzungen. (Es kann passieren, dass US Bürger oder Bürger anderer Staaten aufgrund von Regulationen ausgeschlossen werden.) Das einzige was ausgrenzend wirken könnte, wäre die minimale Investition. Normalerweise unterscheiden sich ICOs noch in ein paar anderen Punkten von dem IPO.

Ein weiterer wichtiger Unterschied ist, das eine Aktie ein Teil des Unternehmens ist und der Investor mit diesem Teil das Recht hat zu sehen, was das Unternehmen mit dem Geld macht. Bei einem Coin ist dies nicht so, du besitzt keinen Anteil an dem Entwicklerteam, daher musst du darauf vertrauen, dass das Entwicklerteam gut mit deinem Geld umgeht.

Wenn du an einem ICO teilnimmst, bekommst du normalerweise einen Bonus – solltest du in einer frühen Phase teilnehmen. Um daran teilnehmen zu können musst du dir genau die Anforderungen des ICOs durchlesen. Beispielsweise kannst du die Gegenwerte nicht von einer Exchange senden, sondern von einem Wallet, welches vom Team unterstützt wird.

Wenn du an ICOs teilnimmst musst du dir darüber im Klaren sein, dass es hier keine Börsenaufsicht gibt und daher eine große Gefahr von Scams (Betrügereien) besteht. Aber habe keine Angst, wir werden dir später beibringen wie du gute von schlechten ICOs unterscheidest.

Manche ICOs haben außerdem eine White List. Diese White List sammelt alle Teilnehmer des ICOs im Vorfeld – dies wird normalerweise bei sehr beliebten ICOs gemacht. Die Coins die ausgegeben werden, werden von einer Soft und einer Hard Cap begrenzt.

Die Hard Cap beschreibt die maximale ausgegebene Menge an Coins. Die Soft Cap hingegen ist ein Ziel, dass sich das Team gesteckt hat. Sollte die Soft Cap nicht erfüllt werden, könnte es sein, dass keine Coins ausgegeben werden und die Bezahlungen zurückgegeben werden. Wenn die Hard Cap überschritten wird, werden alle überschüssigen Transaktionen ebenfalls zurückgewiesen.

*(Scams könnten eine Ausnahme sein. Wenn du keinen Gegenwert für deine eingesendeten Coins erhältst sollte dies eine große Warnung sein.)*

Zu guter Letzt gibt es eine Phrase namens „Gas War". Dies kann passieren, wenn die Nachfrage nach einem Coin sehr groß ist. Wie wir bereits gelernt haben, verarbeiten Miner die Transaktionen zuerst, die die höchste Gebühr zahlen. Um sicher zu gehen, dass manche Investoren als erste Ihre Coins versenden können, kann es zu extrem hohen Gebühren kommen. Dieses Wettbieten nennt sich Gas War.

Solltest du noch nicht wissen, wie du mit diesen Informationen gute Investmententscheidungen treffen sollst, ist dies nicht schlimm, da wir später noch ausführlich darauf eingehen werden.

## *Was für Coins gibt es?*

Momentan gibt es über 1.500 Kryptowährungen (März 2018) und steigend. Viele von Ihnen haben ein bestimmtes Ziel, während andere Scam (Betrug) zu sein scheinen, ohne einen richtigen Wert. In diesem Kapitel werden wir uns anschauen was es für Kryptowährungen gibt und wie man sie, aufgrund ihrer Technologie und weiteren Faktoren, klassifizieren kann.
Des Weiteren wird dieses Kapitel dein Grundwissen über Kryptowährungen festigen, was essenziell für einen erfolgreichen Krypto Investor ist. *(Die grobe Unterteilung wurde von Agnus Cepka abgewandelt und ergänzt.)*

## *1) Cryptocurrencies*

Diese Überschrift mag sehr allgemein klingen und in gewisser Art sind alle Coins/Tokens Kryptowährungen, jedoch werden wir an dieser Stelle eine wichtige Unterscheidung erklären. Cryptocurrencies (Kryptowährungen) sind Coins die in einer Art und Weise als Ersatz für FIAT Währungen (EUR, USD...) genutzt werden können. Deshalb werden nur Währungen die als Bezahlmethode genutzt werden sollen hier gelistet.
In dieser Kategorie unterscheiden wir zwischen der „Asset Storage/Currency" (Wertanlage/Währung), „Privacy Coins" (Privaten Coins) und „Internet of Things".

## *Asset storage/currency*

Wir beginnen mit den „Asset Storage/Currency". Diese Kategorie beinhaltet unter anderem Bitcoin, Litecoin und Tether. Viele Leute glauben, dass Bitcoin aufgrund seiner Skalierbarkeitsprobleme nie eine tagtäglich genutzte Währung wird, sondern eine Art digitales Gold – um Werte zu speichern.

Litecoin z.b. ist eine Währung, die auf täglicher Basis genutzt werden könnte, aufgrund der hohen Skalierbarkeit und den geringen Kosten.

Tether hingegen ist ein Beispiel einer Kryptowährung, die von FIAT Geld gedeckt wird. Dies kann mit dem USD bis zu den 1970ern verglichen werden, als jede Dollar Note mit Gold und Silber hinterlegt war. *(Theoretisch war ein USD Schein ein Sicherheitszertifikat, welches auf Gold und Silber basierte.)*

## *Privacy Coins*

Die zweite Kategorie der Kryptowährungen sind die sogenannten „Privacy Coins". Privacy Coins sind Währungen, die den Hintergrund von anonymen Transaktionen haben. Die bekanntesten Repräsentanten sind Monero (XMR), ZCASH (ZEC) und Verge (XVG).

Typisch für diese Gruppe von Kryptowährungen ist, dass sie keine Rich-List haben.

*(Eine Rich-List ist eine Liste, in der die vermögendsten Adressen zu sehen sind. Du kannst dir die Bitcoin Rich-List hier anschauen:* https://bitinfocharts.com/top-100-richest-bitcoin-addresses.html*).*

Darüber hinaus können diese Coins dazu verwendet werden geheime Informationen von Personen oder Unternehmen zu versenden. *(Normalerweise kannst du einen Blockinhalt sehen, hier jedoch nicht.)*

## *Internet of Things Coins (IoT)*

Die letzte Kategorie, die wir hier erklären werden sind die IoT Währungen. Da die Erforschung der Internet of Things Technology mit rasanten Schritten voran kommt, könnte dieser Teil der Kryptowährungen einer der wichtigsten in deinem künftigen alltäglichen Leben sein. Die bekannteste Währung ist IOTA, welche bereits mit ein paar der größten Firmen zusammen arbeitet wie z.b. Bosch und Volkswagen.

Du erinnerst dich wahrscheinlich noch an das vorherige Kapitel, in dem wir über Tangle sprachen und erklärten, dass diese Technologie eine unendliche Skalierbarkeit und keine Transaktionsgebühren hat. Diese Eigenschaften machen das Tangle perfekt für die Nutzung des Internet of Things.

*(Stell dir vor du fährst mit deinem Auto in ein Parkhaus und dein Auto bezahlt automatisch alle Gebühren. Oder dein Handy bezahlt seinen Vertrag von alleine, in der Höhe von dem was du verbraucht hast. All diese Transaktionen würden automatisch und ohne Gebühr verarbeitet werden.)*

Diese Kategorie ist ein ständig wachsender Teil der Kryptowelt.

## 2) Platforms

Eines der vielseitigsten Felder sind die sogenannten Platforms (Plattformen). Kryptowährungen, welche eine Plattform kreieren sind wahre Multi-Talente und sehr komplex. Der bekannteste Repräsentant ist mit Abstand Ethereum, welche die zweit erfolgreichste Kryptowährung der Welt ist (März 2018). Neben Ethereum gibt es außerdem NEO (das asiatische Ethereum) und Cardano (ADA) und viele weitere.
Plattformen haben verschiedenste Anwendungsmöglichkeiten. Der Hauptexistenzgrund ist die Basis für Anwendungen zu schaffen, die auf die Blockchain programmiert werden können. Wenn du dich an den Unterschied zwischen Coins und Tokens erinnerst, werden Token auf eine existierende Blockchain programmiert, während Coins ihre eigene Blockchain haben. Um eine Transaktion mit bspw. EOS (der momentan größte Ethereum Token 2018) durchzuführen, muss der Sender eine Gebühr in der darunterliegenden Währung zahlen.
*(Die Kryptowährung NEO ist, wie bereits erwähnt ein Proof of Stake Coin. Die Zinsen werden in GAS ausgezahlt, welches wiederrum von den Token benötigt wird Transaktionen auf NEO zu versenden.)*
Die möglichen Anwendungsmöglichkeiten sind nahezu endlos, diese Technologie kann viele Probleme der Wirtschaft lösen in Form von Smart Contracts, Business Ökosystemen und vielen anderen.

## *Adaptability Coins*

Eine der größten Nachteile der Kryptowelt ist der Mangel an Anpassungsfähigkeit. Wie wir bereits gelernt haben kann eine Blockchain nicht so leicht verändert werden, ausschließlich mit einem Fork. Aus diesem Grund müssen viele Coins neue Blockchains programmieren. Hierbei ist die neue Blockchain allerdings nicht kompatibel mit der Alten, was ein großes Problem für die alte Blockchain darstellt. *(Das „Tezos Position Paper" von L.M Goodman von 2014 gibt hier ein gutes Beispiel: Stell dir vor Kryptowährungen wären wie Handys. Alle paar Jahre erscheint ein neues Handy mit neuen Features und neuer Technik. Im Normalfall kann das alte Handy immer noch genutzt werden und ist kompatibel mit dem Neuen. Was aber wäre, wenn das alte Handy nicht mehr mit dem Neuen kommunizieren könnte? Der Wert des Alten würde drastisch sinken.)*

Dies ist ein großes Problem des Krypto Marktes, welches bisher nur von TEZOS gelöst wird. TEZOS basiert auf einer Blockchain die sich anpassen kann. Diese Änderungen müssen von den Haltern der Coins bestätigt werden, da dieses System den „Delegated Proof of Stake" (DPoS) Algorithmus nutzt.

## *Bridge coins*

Eine weitere wichtige Unterkategorie, die wir euch zeigen wollen sind die „Bridge Coins". Kryptowährungen die die „Smart Bridge" Technologie nutzen. Coins wie ARK können eine Verbindung zwischen verschiedenen Blockchains herstellen. Dies ist ebenfalls mit den Atomic Swaps möglich, jedoch müssen hier alle Blockchains auf der selben Basis beruhen. Mit ARK wäre dagegen möglich die Blockchain von Bitcoin, Ethereum und Lisk zu verbinden.

Dies eröffnet neue Möglichkeiten für Unternehmen, da sie nun fähig sind als zentraler Server mit einem dezentralen Netzwerk zu kommunizieren. Dies ist eine komplexere Version des Atomic Swaps. Smart Bridges können, wie bereits erwähnt, Blockchains von verschiedenen Protokollen miteinander verbinden.

*(Das praktische hierbei ist, dass Informationen über einen Smart Contract über das ARK Netzwerk zu dem Ethereum Netzwerk gelangen können ohne Ethereum zu besitzen.)*

## *3) Utility Tokens*

Die Kryptowelt greift viele Ideen von existierenden Projekten auf und versucht diese zu verbessern. Ein großer Teil des alltäglichen Lebens spiegelt sich in Anwendungen wieder, welche viele verschiedene Dinge steuern und kontrollieren. Utility Tokens sind das Pendant zu diesen Anwendungen (APIs), sie sind Kryptowährungen mit einem bestimmten Service.

Viele Projekte in der Kryptowelt sind Token die auf anderen Plattformen wie Ethereum basieren (erc20 Tokens z.B.). Ein Utility Token ist nichts anderes als ein Werkzeug, dass als Treibstoff für die zu Grunde liegende Technologie genutzt wird.

Das bedeutet, ein Utility Token hat eine bestimmte Aufgabe auf der Blockchain, wie z.B. das Bezahlen von Gebühren oder das Schaffen von Zugängen zur Blockchain. Außerdem kann er Stimmrechte besitzen.

Diese Kategorie von Tokens ist nicht als Investment angedacht, was jedoch nicht heißt, dass sich der Wert nicht steigern kann. Wenn du in einen Utility Token investierst bedeutet das, dass du in Lösungen investierst, während das Hauptziel des Projektes darin liegt zu wachsen und das System zu verbessern – nicht den Wert zu erhöhen.

Diese Utility Token haben verschiedenste Anwendungsbereiche und können strategische Hintergründe oder andere haben. Ein Beispiel ist ADX, welche als Mittelsmann zwischen dem Unternehmen und dem Konsumenten fungiert.

*(ADX ist eine Anwendung, die die Werbungswelt revolutionieren will. Der Fokus des Systems liegt auf einer besseren Positionierung der Werbung und will die Rolle des Mittelmanns übernehmen, sodass der Werbende seine Werbung direkt veröffentlichen kann, ohne eine Marketingagentur zu engagieren. BAT verfolgt ein ähnliches Ziel.)*

Eine weitere Lösung könnte die Datenspeicherung sein, welche z.B. von SiaCoin gelöst wird. Das System stellt ein verschlüsseltes dezentrales Speicher-Netzwerk zu Verfügung, welches dir erlaubt ungenutzten Speicherplatz zu vermieten. *(Dropbox mit persönlichen Anbietern.)*

Diese Methode Speicherplatz zu schaffen wird als Zukunft der Cloud Speicher beschrieben und könnte ein ernster Konkurrent von Dropbox, Google, Amazon und Co. werden. Das System stellt nicht nur eine höhere Sicherheit zu Verfügung, nein, es unterbietet die Konkurrenten um Längen.

## *4) Cryptosecurities*

Während die meisten Kryptowährungen Ende 2017 Utility Token waren, drängte sich langsam eine andere Gruppe von Coins auf – namens Cryptosecurities.

Cryptosecurities sind, im Gegensatz zu den Utility Tokens, von externen und handelbaren Werten gesichert. Diese Art von Kryptowährungen kann mit Aktien verglichen werden. Wie bereits zuvor im ICO Kapitel erwähnt, resultiert der Besitz eines Coins im Normalfall nicht in den Besitz des Unternehmens hinter der Kryptowährung. Cryptosecurities sind hier der große Ausnahmefall, da sie ihren Investoren Besitzrechte einräumen.

Kryptowährungen sind sehr volatil und der Investor kann oftmals Einfluss auf seine Investments nehmen. Dies ist jedoch bei Cryptosecurities anders, da hier die Währung primär aufgrund des Unternehmens bewertet wird. Diese Art der Kryptowährungen sind weniger spekulativ, da ein „echter" Wert vorhanden ist.

Im April 2018, gibt es nur ein paar Cryptosecurities, da diese Gruppe immer noch ein Außenseiter ist. Ein neuer Spieler auf dem Markt namens Polymath arbeitet bereits an diesem „Problem" und bietet einen einfachen Weg an Security Tokens zu erstellen. Polymath fungiert hier als Marktplatz und Plattform.

Diese Unterscheidung könnte noch sehr wichtig werden, da Security Tokens theoretisch von der Securities and Exchange Commission (SEC) kontrolliert werden können/müssen. Das macht es wahrscheinlicher, dass Finanzinstitute anfangen Aktien auf der Blockchain auszugeben oder Cryptosecurities zu erstellen. Regulierte und gesicherte Assets oder Services sind eine revolutionäre Idee und wir sind optimistisch, dass sich diese Gruppe von Coins weiter ausdehnt in 2018.

## *5) Hybrids*

Es gibt sehr viele Hybride in der Kryptowelt, welche alle verschiedene Ideen verfolgen und nicht in eine der zuvor genannten Kategorien passen. Hybride sind ebenfalls eine stark wachsende Gruppe, da es so viele Kryptowährungen gibt, dass es schwer geworden ist sich abzusetzen.

Es kann sowohl ein Vorteil, als auch ein Nachteil sein, wenn eine Kryptowährung ambivalent ist, daher kann man nicht beurteilen, ob diese Gruppe besser oder schlechter als die vorherigen ist.

## *Warum sollten wir Kryptowährungen nutzen?*

All diese Technologien setzen neue Maßstäbe, doch wofür sind sie denn eigentlich gut? Diese Frage stellen sich viele Menschen. Leider haben die meisten Experten in der Kryptowelt keinen Bezug zur Wirtschaft und vernachlässigen daher den Einfluss den Kryptowährungen haben könnten. Es ist ein wichtiger Teil dieses Buches über verschiedene Industrien zu sprechen, welche durch Kryptowährungen neue Prozesse, Märkte und Kunden generieren könnten.

Basierend auf dem Hintergrundwissen über den wirtschaftlichen Einfluss, kannst du Kryptowährungen und deren Potenzial analysieren. Und die Frage beantworten, warum die Industrie so sehr an dieser Technologie interessiert ist.

Nachdem wir die Grundlagen von Bitcoin und Co kennen gelernt haben, stimmst du uns vielleicht zu, dass die Blockchan Technologie der Anfang von etwas Großem sein könnte. Bevor wir jedoch mit unserer Analyse anfangen wollen wir nochmals betonen, dass es nicht die Intention dieses Buches ist dir zu sagen in welche Industrien du investieren solltest, sondern dir zu zeigen, wie du dieses Wissen am besten für dich nutzen kannst.
Wir werden noch einmal kurz die wichtigsten Dinge aus den letzten Kapiteln wiederholen.

# *Wiederholung*

- Die Blockchain kann ich gehackt werden und ist daher eines der sichersten Datennetzwerke der Welt. *(Was Quantencomputer für einen Einfluss haben könnten, werden wir in dem Kapitel „Fakten" klären.)*

- Jede Transaktion oder Inhalt, die/der bestätigt wurde, kann von jedem eingesehen werden. Hinzu kommt, dass es nicht möglich ist gesammelte Informationen zu verändern.

- Transaktionen werden Tag und Nacht bestätigt, egal wo sie hingeht. Normalerweise dauern diese Transaktionen wesentlich kürzer als mit der Bank und kosten höchstwahrscheinlich weniger.

- Die Plattform Netzwerke erlauben Nutzern Smart Contracts zu schreiben und auszuführen.

- Die Anwendungsmöglichkeiten sind nahezu unendlich und der momentane Markt expandiert stetig.

Wir geben zu, dass dies eine sehr oberflächliche Zusammenfassung war, jedoch sollte sie dir nur die wichtigsten Eigenschaften ins Gedächtnis rufen.

## *Smart Contracts*

Nachdem wir sie nun so oft erwähnt haben, wird es Zeit dir zu erklären was es damit auf sich hat.

Ein Smart Contract ist nicht so komplex wie er sich anhört. Eigentlich ist es lediglich eine Vereinbarung zwischen zwei Parteien, welche nicht von einem Mittelsmann kontrolliert und ausgeführt wird, sondern dem System. Das bedeutet, wenn eine Partei den Vertrag bricht, leitet die Blockchain automatisch die vorhandenen Schritte ein, wie Strafen oder andere Klauseln, die dem Vertrag beigefügt wurden. Ein Smart Contract könnte so aussehen:

1) Zwei (anonyme) Parteien einigen sich auf einen Mietvertrag für eine Wohnung. Der Vertrag selbst kann von jedem in der Blockchain eingesehen werden. (Hier stehen nicht die Namen der Parteien, sondern deren Public Address.)
2) Am Ersten des Monats ist der Zahltag und eine Transkation vom Mieter an den Vermieter wird automatisch durchgeführt.
3) Sogenannte „Regulators" (Regulatoren) kontrollieren, ob der Vertrag legal ist ohne die Privatsphäre der Parteien zu verletzen.

*Was wäre, wenn...*

1) Wenn der Mieter seine Miete nicht bezahlt, könnte die Wohnung automatisch verriegelt werden.
2) Wenn der Vermieter falsche Versprechen gemacht hat oder die Wohnung nicht bewohnbar ist, erstattet die Blockchain automatisch die Gebühren des Mieters.

Ein Smart Contract unterstützt beide Parteien im gleichen Maße, daher hat keine Seite einen Vorteil durch bessere Anwälte oder Geld.

Vitalik Buterin, der Gründer von Ethereum erklärt diese folgendermaßen:

„**Der Smart Contract beschreibt wie ein Wert oder eine Währung in einem Programm transferiert und dieses Programm einen Code ausführt und an einem bestimmten Punkt die Konditionen bestätigt. Er bestätigt automatisch, ob die Werte zu einer Person transferiert werden sollten oder zurückerstattet werden müssen. In der Zwischenzeit speichert das dezentrale Netzwerk alle Dokumente und vervielfältigt sie, was ihnen eine zusätzliche Sicherheit und Unzerstörbarkeit gibt.**"

## *Automobil Industrie*

Eine der größten Industrien weltweit, die ganz besonders an der Erforschung von Smart Contracts interessiert ist, ist die Automobil Industrie. Es ist daher nicht überraschen, dass nahezu alle großen Autohersteller bereits an oder mit Kryptowährungen arbeiten, wie z.B. VW (IOTA), BMW (VeChain), Daimler (eigene Kryptowährung) und viele weitere.

In 2017 haben die Automobilhersteller weltweit über 80.000.000 neue Autos verkauft, von denen in etwa jedes zweite geleast wurde. Das bedeutet ungefähr 40 Millionen Autos wurden 2017 geleast.

Dieser Teil der Automobil Industrie könnte alle seine Leasingverträge über eine Blockchain wie Ethereum abwickeln. Dies könnte ihnen eine größere Sicherheit über Zahlungen geben und die Notwendigkeit von Personal reduzieren.

Dies ist allerdings nur ein kleiner Teil der möglichen Anwendungen. Volkswagen ist einer von IOTAs Partnern und arbeitet mit ihnen an der Erneuerung von Zahlungsmöglichkeiten. Das ultimative Ziel ist es Autos zu bauen, welche autonom Mikrotransaktionen durchführen können, um Parkplätze, Mautstationen usw. ohne Bargeld zu bezahlen.

*(Wenn du auf einen Parkplatz fährst, würdest du die genaue Zeit zahlen, in der du auf diesem Parkplatz geparkt hast. Wenn du über eine Mautstraße fährst, würdest du die genaue Entfernung/Dauer zahlen, die du auf dieser Straße unterwegs warst. Dies ist möglich, da mit IOTA sehr kleine Transaktionen durchgeführt werden können.)*

Ein Start-Up namens CarVertical z.B. versucht den Gebrauchtwagenmarkt zu erneuern. Die Idee dahinter ist, jedes Auto auf der Blockchain zu speichern und täglich Updates über Motor, Laufleistung, Unfälle etc. zu liefern. Dies macht es unmöglich für Gebrauchtwagenhändler Unfälle zu verschweigen oder den Kilometerstand zu manipulieren.

## *Banken*

Ja du hast richtig gelesen, Banken könnten ebenfalls mit Kryptowährungen arbeiten. Viele Menschen denken, dass wenn sich Kryptowährungen durchsetzen, die Banken „aussterben" werden und die Geldverteilung in neue Wege geleitet wird. In der Tat könnte dies eine Möglichkeit sein, jedoch denken wir um ehrlich zu sein nicht, dass es dazu kommt.

An dieser Stelle möchten wir keine Spekulationen entfachen, sondern uns auf die Fakten konzentrieren, wie Kryptowährungen die Finanzinstitute unterstützen könnten.

Kryptowährungen die sich an das Bankensystem wenden sind sehr beliebt. Du hast eventuell schon von Ripple gehört, einem der am meisten polarisierenden Coins. Neben Ripple gibt es noch weitere Kryptowährungen wie z.b. Stellar Lumens (XLM).

Der größte Vorteil ist definitiv die Kosteneinsparung. Eine internationale Transaktion kann bis zu vier Werktage dauern und kostet in etwa 2-5%, plus Extrakosten. Banken müssen sogenannte Nostro- und Lorokonten für internationale Transfers führen.

*(Kurz erklärt bedeuten diese: Ein Nostrokonto ist ein Konto von Bank A, bei Bank B. Ein Lorokonto ist das gleiche nur aus der Sicht von Bank B. Um internationale Transfers durchführen zu können (mit verschiedenen Währungen), müssen Banken eine Transaktion auf ihren Nostrokonten anfragen. Dies ist mit einem hohem Risiko verbunden, da die Gelder der Inflation und Kursschwankungen ausgesetzt sind. Zusätzlich hierzu müssen Milliarden und Billionen von Dollar auf diesen Nostrokonten geparkt werden.)*

Ripple löst dieses Problem nicht vollends, jedoch reduziert es die Kosten drastisch. Beim Nutzen des Ripple Netzwerkes können Banken die Transaktion nicht nur wesentlich schneller verarbeiten, sie würden außerdem nur einen Bruchteil der Kosten haben. Ein weiterer Vorteil wäre die Reduktion der Mitarbeiter, die solche Überweisungen bearbeiten müssen.

Der Clou ist, dass Ripple die Liquidität für die Nostrokonten zu Verfügung stellt, basierend auf einem On-Demand System. Dieses System nennt sich xRapid und nutzt den Ripple Coin als Hintergrundwährung.
Ein weiteres System von Ripple Labs ist xCurrent, welches bereits von einer Vielzahl von Banken getestet wird wie z.B. Santander UBS, American Express, UniCredit, BBVA und weiteren.

*(xCurrent ist eine Anwendung, die es erlaubt „End-to-End" Transaktionen innerhalb von Sekunden durchzuführen. Ripple schätzt hierdurch alleine 33% der Kosten von Banken zu sparen.
xRapid stellt die Liquidität der Konten sicher, sodass die Notwendigkeit von Nostro- und Lorokonten entfällt.
xVia ist der letzte Teil des Systems und verbindet xCurrent mit xRapid.)*

Es liegt bei den Banken zu entscheiden, ob sie xCurrent oder das gesamte System nutzen. Das wahrscheinlichste Szenario ist, dass Banken xCurrent nutzen und Ihre eigene Kryptowährung für die Liquidität entwickeln.
Das alte Bankensystem könnte also revolutioniert, jedoch nicht ersetzt werden. Anstatt sich gegenseitig zu bekämpfen, wäre es das Beste zusammen zu arbeiten.

In dieser Industrie besteht ein sehr großes Potenzial, jedoch weniger als Investment. Viele Banken und Unternehmen vermeiden Kryptowährungen, da sie zu volatil sind. Deshalb bevorzugen Banken und Kreditinstitute ihre eigenen Währungen (USD, EUR etc.)

*(Bezugnehmend zu Ripple als Investment (!): Viele Menschen kaufen Ripple, ohne die Nachteile dieser Währung zu kennen. Wie wir später in der Investment Sektion lernen werden, ist es wichtig zu wissen, wie viele Coins verteilt werden und wie viele von den Gründern gehalten werden.
In Ripples Fall hält der Gründer ca. 30% aller Coins, was es ihm erlauben würde den Preis eigenhändig zu manipulieren. Ein weiterer Nachteil ist, dass Ripple nicht begrenzt ist, wie andere Kryptowährungen. Der letzte Nachteil ist, dass Banken höchstwahrscheinlich mit dem Netzwerk und nicht mit dem Ripple Coin arbeiten werden.)*

## *Social Media*

Die dritte Industrie, die wir euch vorstellen möchten und die großflächig von Kryptowährungen profitieren könnte ist das sogenannte Social Media. Hier gibt es viele verschiedene Typen wie Nachrichtendienste, Influencer oder Communities.

In Bezug auf Nachrichtendienste, gibt es bereits von ein paar der größten Messenger eigene Währungen. Der Messenger Kik (über 300 Millionen Nutzer) veröffentlichte seine Kryptowährung ende 2017 (KIN).

Während andere wie Telegram (200 Millionen Nutzer momentan einen ICO durchführt (TON). Dieser wird auf PoS basieren und soll sich nicht nur auf das sichere versenden von Nachrichten stützen, sondern auch Geld Transaktionen vollbringen. Der größte Vorteil Telegrams ist, dass er der Hauptmessenger für alle Krypto relevanten Gruppen ist.

Influencer sind die aktuellste Gruppe von Vermarktern, die ein wesentlicher Bestandteil des heutigen Social Media sind – ob man sie mag oder nicht. Für die unter euch, die noch nie von Influencern gehört haben: Influencer ist ein „Job", bei dem beliebte Menschen (Menschen mit sehr vielen Abonnenten auf verschiedenen Plattformen wie Instagram, Facebook, Snapchat...) Produkte bewerben.

Dieser Teil des Online Marketings könnte in großem Maße von der Kryptowelt beeinflusst werden. Unternehmen könnten „Aufgaben" (bewerbe Produkt xy) erstellen und Influencer könnten diese dann lösen, indem sie einen Beitrag erstellen. Anstatt große Marketing Kampanien zu erstellen, können Kryptowährungen wie Friendz eine Peer-to-Peer Kommunikation erstellen – hierbei wird das einflussreiche Word-of-Mouth Marketingprinzip angewandt.

Auch Communities könnten sich verändern. Ein sehr interessantes Projekt ist Library Coin und ist eine Kryptowährung, welche sich mit der Verteilung von Inhalten, wie Büchern, Musik, Blogs usw. beschäftigt. Das Projekt will, dass die Daten ohne einen Mittelsmann vertrieben werden können, der den größten Teil des Geldes kassiert.

Eine weitere bekannte Community ist STEEM. Ursprünglich als Seite gegründet auf der man geschriebene Texte veröffentlichen kann. Nutzer können den Verfassern, die eine gute Arbeit erbracht haben, STEEM Coins als Belohnung geben.

Es gibt einige interessante Projekte, jedoch werden wir an dieser Stelle aufhören, da die Grundidee klar sein sollte. Wir können Zusammenfassen, dass Social Media sehr von der Kryptowelt profitieren könnte. Wie du vielleicht in den Nachrichten mitbekommen hast, wurde Facebook angeklagt die Daten der Nutzer gegen ihren Willen missbraucht zu haben. Wir wären überrascht, wenn Facebook der Einzige wäre, der dies tut. Daher könnten dezentrale Netzwerke die Sicherheit der Nutzer erheblich verbessern, da diese besser gegen Datenmissbrauch geschützt wären.

*(Facebook ist dabei seine eigene Forschung über Kryptowährungen zu starten. Mark Zuckerberg, der Gründer von Facebook, hat bereits bestätigt, dass ihn Kryptowährungen sehr interessieren.)*

## *Gesundheitswesen*

Auch hier sind die Anwendungsmöglichkeiten enorm und werden bereits von vielen Unternehmen wie Deloitte und IBM untersucht. Das Gesundheitswesen besitzt viele der sensibelsten Daten überhaupt und deshalb ist die Anforderung nach einer möglichst hohen Sicherheit selbstverständlich.

*(Ein Modell wäre, dass Krankenhäuser und Ärzte alles aufzeichnen was sie tun, statt diese Informationen jedoch lokal zu speichern könnten diese auf der Blockchain gespeichert werden. Diese Informationen könnten wie eine Transaktion zu der Blockchain gesendet werden, das bedeutet, niemand sieht zu wem diese Informationen gehören. Sobald die Information auf der Blockchain gespeichert ist, könnte sie zu Forschungszwecken oder Studien verwendet werden, ohne die Privatsphäre zu verletzten – aufgrund der Anonymität. Wenn ein Patient sich bei einem anderen Arzt behandeln lässt, jedoch möchte das sein Hausarzt davon erfährt, können seine Informationen an letzteren versendet werden, da der Patient durch seinen Private Key seine Krankenakte besitzt.)*

Demnach kann der Patient und nur der Patient entscheiden, wer seine Krankenakte einsehen kann. Dies führt dazu Datenmissbrauch zu reduzieren und sichert die Daten gegen Naturkatastrophen und Diebstahl.

Andere Vorteile könnten die Prävention von Medikamentenmissbrauch sein, wenn Ärzte und Apotheken sehen können, welches Medikament in welchem Umfang konsumiert wird. Smart Contracts könnten die Datenzugriffe überwachen, falls der Patient eine Zeit lang nicht seinen Hausarzt konsultiert. Alle möglichen Studien wie genomische könnten hiervon essentiell unterstützt werden, aufgrund der großen Datenpools, die ein Frühwarnsystem unterstützen könnten.

Du siehst das jeder von diesen Anpassungen profitieren könnte. Der Wandel zu großen Datenpools in denen Millionen von Krankenakten gespeichert sind findet bereits statt, die Frage ist, wäre es besser sie an einem zentralen Ort zu speichern, oder an einem dezentralen unhackbaren? Dies wird sicherlich Diskussionen in der Zukunft schüren. Bereits existierende Kryptowährungen wie Medicalchain oder Medibloc (April 2018) nehmen sich dieser Problemlösung bereits an.

## *Energiesektor*

Der Energiesektor ist von den Vorteilen der Technologie nicht ausgeschlossen. Ähnlich der vorherigen Industrien arbeitet diese bereits an Lösungen. Der größte Vorteil ist wohl die Eliminierung des Mittelsmanns, das heißt, dass Verbraucher nicht den Stromversorger brauchen, um grüne Energie zu verkaufen.

*(Stell dir vor du hast Solarplatten auf deinem Dach und produzierst 300 KWH pro Tag, verbrauchst jedoch nur 200 KWH. Momentan wird der Überschuss zurück an den Energieversorger geschickt, der wiederrum eine kleine Kompensationszahlung erstattet oder sie wird auf internen Batterien gespeichert – auf beiden Wegen wird Energie verloren. Mit der Blockchain Technologie kannst du die überschüssige Energie direkt an deinen Nachbarn verkaufen und eine größere Kompensationszahlung erhalten. Das Beste ist, dass du nichts tun musst, da Smart Contracts diese Transaktionen ausführen können.)*

Elektrizität könnte zu einem gehandelten Gut werden, was bedeutet, dass Smart Contracts die Energie automatisch an den Höchstbietenden verkauft wird. Dies würde die immensen Preisunterschiede zwischen den Elektrizitätsherstellern vermeiden und ein faires System schaffen.

In 2016 gab es ein Pilotenprogramm namens „Brooklyn Microgrid", welches eine App zu Verfügung stellte, die überschüssige Energie automatisch unter den Nachbarn verteilte.

Momentan gibt es viele Kryptowährungen, die an dieser Lösung arbeiten wie z.b. MWAT und POWR.
Es wird wahrscheinlich noch Jahre dauern bis eine Massenanwendung existiert, jedoch ist die steigende Wichtigkeit erneuerbarer Energien nicht von der Hand zu weisen.

## *Supply Chain Netzwerke*

Während wir in einem von der Globalisierung geprägten System leben sind Supply Chain (Versorgungswege) Netzwerke eine der wichtigsten Aufgaben für weltweit operierende Unternehmen. Unternehmen wie Walmart haben ein so ausgeklügeltes System, das es ihnen erlaubt die kosten auf ein Minimum zu senken und die Profite zu maximieren.

Moderne Supply Chains sind sehr komplex und benötigen oftmals viele verschiedene Systeme in verschiedenen Ländern. Für Global Player ist es normal ihre Güter durch die ganze Welt zu schicken, um sie zu produzieren, verschiffen, verpacken und so weiter. Aufgrund von dieser Komplexität ist es sehr schwierig alle Bewegungen im Auge zu behalten und Kontaktpunkte zu schaffen.

Eine Lösung könnte, du ahnst es bereits, ein dezentrales Netzwerk sein, dass alle Daten live synchronisiert. Alle Daten der Blockchain könnten leicht von dem Hauptsitz aus verwaltet werden und Zahlungen könnten automatisch durchgeführt werden. Währungen die diese Systeme erforschen sind z.B. Origintral, Vechain und Wabi.

Ein anderer Ansatz der Technologie könnte die Produkthistorie sein. Heute ist es für sehr viele Menschen wichtig zu wissen woher das Essen oder die Kleidung kommt. Dies könnte eine wichtige Lösung sein, da die Blockchain nicht manipuliert werden kann.

Bei Kleidung, die an einem Ort hergestellt wurde kann nachträglich nicht mehr den Entstehungsort geändert werden. Das bedeutet Kunden können zu 100% sicher sein woher das Produkt kommt. Du magst dir vielleicht denken, dass dies jetzt schon möglich ist, aber wie sieht es zum Beispiel mit Autos aus, die aus Deutschland kommen? Sind diese 100% Made in Germany oder nur zu einer gewissen Prozentzahl? Diese Fragen könntest du mit dem kontrollieren der Blockchain beantworten.

Eine Kryptowährung, die sich diesem Problem annimmt heißt TE-Food und arbeitet an der Verfolgung von Essen namens „farm-to-table traceability solution" (Farm-zu-Tisch Verfolgungslösung).

Wir können Zusammenfassen, das auch hier unendliche Möglichkeiten bestehen. Aufgrund der starken Industrie dahinter (Walmart, Target, H&M...) könnte dies sehr wichtig werden für die Zukunft – es bleibt jedoch abzuwarten in welchem Umfang uns dies betrifft.

## *B2B*

Im Allgemeinen können nahezu alle Unternehmen Kryptowährungen für B2B (Business to Business) Lösungen nutzen. Viele Transaktionen geschehen auf regulärer Basis und verbrauchen jede Menge Ressourcen (Buchhalter, Einkäufer usw.).

In der Telekommunikationsindustrie ist es bspw. normal, dass Anbieter Sendemasten der Konkurrenz nutzen. Diese zahlen für die gemieteten Kapazitäten eine Kompensation auf regulärer Basis. Auch Auslandsnutzungen werden durch einzelne Kompensationen ausgeglichen.
Dieses Problem könnte ebenfalls durch Smart Contracts gelöst werden, die die verbrauchten Daten berechnen und bezahlen könnten.

Alle Unternehmen egal ob groß oder klein können von dieser Technologie profitieren. Natürlich werden aufgrund der hohen Entwicklungskosten zunächst ausschließlich große Unternehmen wie Daimler, Apple, Microsoft etc. an diesen Methoden forschen.

## *Ergebnis*

Wir können Zusammenfassen, dass es keine Industrie gibt, die nicht von Kryptowährungen, zumindest zum Teil, profitieren könnte. Es gibt Millionen Anwendungsmöglichkeiten, die nur darauf warten erforscht zu werden.

In der Tat sind die Forschungsausgaben im letzten Jahr (2017) extrem angestiegen. Nahezu jedes große Unternehmen forscht an dieser Technologie.
Nur die Zeit wird uns verraten, ob und wie sich diese durchsetzen wird. Jedoch sieht die Zukunft, trotz all der negativen Meldungen, sehr gut aus.

# _TEIL 2_

# _Fundamentale Analyse_

In diesem Teil des Buches werden wir dir zeigen wie du ICOs und Coins, die bereits auf dem Markt sind, richtig analysierst, um das bestmögliche Projekt zu finden. Nach diesem Kapitel wirst du in der Lage sein jede Kryptowährungen tiefgehend zu analysieren. Darüber hinaus wird es dir möglich sein schon früh Scams zu entdecken und zu verstehen, welchen Einfluss die Fundamentals (Grundlagen) auf ein Projekt haben. In diesem Kapitel werden wir FA stellvertretend für fundamentale Analyse nutzen.

## _Die Rolle der fundamentalen Analyse beim Investieren_

Bevor wir eine genauere Analyse durchführen, werden wir dir zeigen, warum es überhaupt notwendig ist eine FA durchzuführen.

In einem Markt in dem Projekte keine Prototypen herstellen und die meisten Investmententscheidungen nicht auf richtiger Recherche basieren, stellt sich die Frage, ob es überhaupt wichtig ist die Grundlagen einer Kryptwährung zu verstehen. Die Antwort ist, dass dies von dem Zeitraum deines Investments abhängt.
Wenn es kein Produkt gibt auf, dessen Basis das Projekt analysiert werden kann, beruht der Preis meist auf aktuellen Entwicklungen und Spekulationen. Der Markt ist nicht rational, wenn es um die Bewertung einer Entwicklung geht – sehr oft sind Coins mit funktionierenden Projekten und beschlossenen Partnerschaften viel weniger wert, als welche die nichts außer einem Whitepaper (Konzeptpapier) vorweisen können.

Ein paar Teammitglieder zu haben, die bereits bei Microsoft oder anderen Firmen gearbeitet haben kann wichtiger sein, als tatsächliche Anwendungsmöglichkeiten. Ein bekannter Krypto Berater wie John McAfee, ist oft mehr wert als ein erfahrenes Entwicklerteam. Wir könnten für immer so weiter machen, die Schlussfolgerung sollte dir jedoch jetzt klar sein – die Marktkapitalisierung einer Kryptowährung ist nahezu niemals eine gerechte Wiedergabe des tatsächlichen Wertes.

Du fragst dich bestimmt was den Preis sonst so in die Höhe treibt? Die Antwort ist Unwissenheit und Hype – deshalb denken viele Menschen, dass eine FA nicht funktioniert. Wir haben viele Coins gesehen die extremem Wachstum ausgesetzt waren, obwohl es Anschuldigungen gab, diese hätten eine schlechte Umsetzung oder wären Scam. (DigiByte und Tron fallen den erfahrenen Händlern sofort aufgrund ihrer extremen Allzeithochs ein.)
Es nahm keinen Einfluss, dass Tron angeklagt wurde Teile des Whitepapers gestohlen zu haben und dass DigiByte schnell ein Insiderwitz wurde, wenn es um „schnelle" Coins geht. Sie stiegen sehr viel stärker im Wert, als alle ihre oftmals besseren Konkurrenten, da die Aufklärung fehlte. Wie ist es jedoch möglich, dass ein schlechter Coin mehr Hype (Aufmerksamkeit) bekommt? Dafür gibt es verschiedene Gründe:

- Die Idee ist einfach zu verstehen und zu Vermarkten. Verge (der ebenfalls stark stieg) ist ein Privacy Coin – EINFACH. Enigma ist ein privates Protokoll, dass geheime Kontakte nutzt – Nicht so einfach. (Und das ist tatsächlich die einfachste Erklärung.)

- Dahinter steht eine große Community. Sehr oft wächst die Community rasant an, wenn ein Coin ein exponentielles Wachstum erfährt. In vielen Fällen hat die Community einen größeren Einfluss auf einen Coin, als jeder Fortschritt oder Meilenstein, der erreicht werden kann. Die Community verbreitet die wichtige „Word-of-Mouth" Propaganda, welche besonders hilfreich ist, da die meisten Menschen nicht wissen was sie kaufen.

- Es gibt ein besonderes Highlight, ob es Marc Cuban auf der Investorenliste ist oder PwC als Partner. Die meisten Leute fokussieren sich auf diese Punkte während sie einen Coin „shillen". Die meisten schauen sich nicht mehr als die Website an, daher ist es sehr wichtig ein besonderes Kaufargument zu haben. Die Regel dazu lautet, der Preis hängt von der Spekulation ab und die Spekulation wird von Hype angefeuert.

- Es kommt ein sehr wichtiges Event, das wiederrum Hype aufbaut.

Wie wichtig ist also eine gründliche FA für den Entscheidungsprozess? Wie wir bereits erwähnt haben, hängt dies von deinem Investitionszeitraum ab. Wenn du planst Short-term Handel abzuschließen (Handel, die maximal ein paar Tage dauern) ist eine Entscheidung basierend auf der FA nicht geeignet. Short-term Investments basieren auf aktuellen Ereignissen und einer guten technischen Analyse – ein starkes Team oder funktionierendes Produkt wird kaum Einfluss haben.

Für ein Mid-term Investment (Handel, die ein paar Wochen dauern) wird diese Einschätzung schon schwieriger. Der Coin hängt immer noch sehr von den Meldungen um ihn ab, jedoch hilft dir eine FA dabei die Risiken besser abwägen zu können. Wenn das Team eine Geschichte hat, Meilensteine nicht einzuhalten und dir klar wird das dies FUD schüren könnte, kann es deine Investmententscheidung zu deinen Gunsten verbessern.

Bei einem Long-term Trade hingegen spielt die FA eine sehr wichtige Rolle. Eine tiefgehende Analyse erlaubt dir zu verstehen, wie groß das Wachstumspotenzial für die nächsten Wochen und Monate ist. Dies ist der Moment wo du entscheiden musst, ob du diesen Coin z.B. in eine Cold Wallet legst. Alle Elemente wie das Team, die Idee, die Coin Metrik usw. sind wichtig. Auf dieser Basis entscheidest du, ob das Team ihre Ziele erreichen kann und am wichtigsten, ob der Coin im Wert steigt.

Um dies einmal kurz zusammen zu fassen, die Grundlagen sind essentiell, wenn es um ein Long-term Investment geht. Für kürzere Investitionszeiträume ist es wichtiger die Nachrichten und die Community zu analysieren, um zu sehen wie groß der Hype ist. Alle Projekte, die in einer frühen Entwicklungsphase sind, können sehr leicht durch Influencer wie z.B. Suppoman manipuliert werden. Bis sie „reifer" werden und sie eher auf der Basis ihrer Technologie, als auf Spekulationen bewertet werden.

## *Den richtigen Coin finden*

Die Jahrhunderte alte Frage, wie finde ich den einen Edelstein – in diesem Fal den nächsten Bitcoin/Ethereum – gilt auch hier. Die Antwort wird dir vermutlich nicht gefallen. Es erfordert viel Arbeit und jede Menge Analysen, um die nächste gute Investitionsmöglichkeit zu finden. Der Grund hierfür ist, dass du so früh wie möglich in einen perspektivisch guten Coin investieren musst, um deine 10x, 20x, 50x oder sogar 100x zu erreichen. Jeder Trader baut auf seine eigene Methode, daher werden wir versuchen dir alle Möglichkeiten zu zeigen, die dir bei dem Entscheidungsprozess helfen können.

## *Coinmarketcap*

Der einfachste Weg Kryptowährungen zu finden ist die Website www.coinmarketcap.com. Der dieser Vorgang könnte nicht einfacher sein, du schaust dir hunderte von Coins an und führst eine kurze Recherche durch bis du einen findest, den du dir genauer anschauen möchtest. Der Trick ist zu wissen auf was man achten muss.

Um Kryptowährungen mit einer kleinen Marktkapitalisierung zu finden, musst du nur nach einem kleinem Handelsvolumen filtern. Die erste Metrik hängt von der gesamten Marktkapitalisierung ab.

*(Im Sommer 2017 eine kleine Marktkapitalisierung war um die 250.000 Dollar, im April 2018 sind es Marktkapitalisierungen unter 1.000.000 Dollar.)*

Sobald du einige Coins gefunden hast, die eine kleine Marktkapitalisierung haben, solltest du die aussortieren, die kaum bis kein Handelsvolumen haben, da diese höchstwahrscheinlich „tot" sind (ein paar % der Marktkapitalisierung sollten vorhanden sein). Darüber hinaus kannst du das Verhältnis zwischen „Circulating Supply" und „Total Supply" überprüfen. Ein zu großer Unterschied zwischen den zu Verfügung stehenden Coins und den gesamten Coins könnte eine Warnung sein, dass ein „Premine" stattgefunden hat.

*(Manche Coins werden bevor sie auf einer Börse gehandelt werden gemined, wobei dieser Miningprozess nur für ausgewählte Nutzer ist. Das bedeutet, dass diese Nutzer viele Coins minen können bevor andere die Möglichkeit haben. Dies kann ein Hinweis auf einen Scam sein, da die Entwickler in der Lage sind sofort nach Listung große Mengen eines Coins zu verkaufen.)*

Das ist natürlich nicht immer der Fall, daher kannst du durchaus den Hintergrund der Differenz recherchieren. Dasselbe gilt auch für andere Seiten die Coins listen, wie z.B. Coinlib.

Um die neusten Coins herauszufinden kannst du ebenfalls die neu hinzugefügten Coins suchen – bei diesen ist ein sehr früher Einstieg noch möglich, jedoch kann es auch einige Zeit dauern bis ein Coin gelistet wird.

Investiere immer mit großer Vorsicht in diese Kategorie von Kryptowährungen, da kleine Marktkapitalisierungen, die bereits vorab gemined und gehandelt wurden, oft der Listung gedumpt werden. Unbekannte ICOs hingegen könnten ein sehr gutes Investment sein. Unabhängig von dem Ergebnis, ist das listen einer Kryptowährung auf Coinmarketcap ein wichtiges Ereignis.

## *Twitter*

Diese Methode der Recherche ist wesentlich kniffliger, da sie sich auf die Einstellung der Investoren in Bezug auf einen Coin stützt und keine rationale Basis hat. Die Herausforderung besteht darin, eine Kryptowährung zu finden die bereits ein wenig „geshillt" wird, jedoch nicht von den größten Twitter Investoren (Ganz nach der alten Investmentregel: Wenn die großen Investoren ihre Favoriten preisgeben, ist der frühe Einstieg verpasst.)

Eine Möglichkeit ist es Twitter Threads (Verläufe) von beliebten Profilen durchzusehen, in denen andere Nutzer ihre Favoriten vorstellen. Das erste Mal Beachtung zu finden ist sehr schwer für kleine Projekte, daher versuchen diese oft auf diesem Wege das Interesse großer Investoren zu wecken. Wie sehr man diese Investoren auch hassen mag, die jedes Projekt ausschlachten, so bringen sie dem Projekt kurzfristig mehr Beachtung, was für ein kleines Projekt überlebenswichtig ist.

Am Ende dieses Buches listen wir einige Trader auf, die du dir anschauen solltest.

## *Bitcointalk*

Bitcointalk war und ist immer noch eines der wichtigsten Bitcoin Foren und besitzt eine immense Bedeutung für Krypto Projekte. Allerdings ist Bitcointalk nicht mehr so beliebt, wie es einst war, da die Kommunikation neuerdings eher durch Messenger wie Telegram abgewickelt wird. Daher sparen sich viele Entwickler die Erstellung eines [ANN].

([ANN] Ist ein offizieller Verlauf, der von dem Team gepflegt wird, in dem alle Neuigkeiten gelistet werden). Das ändert jedoch nichts an der Tatsache, dass es nahezu keinen besseren Ort gibt ganz neue Projekte zu entdecken.

Zu Anfang einer Recherche auf Bitcointalk solltest du die „Announcements" suchen, die weiter unten unter „Alternate Cryptocurrencies" zu finden sind. Von dort bist du auf dich allein gestellt. Schau dir die Verläufe an und suche nach vielversprechenden Projekten.

## *Exchanges*

Dies ist eine der am häufigsten übersehenen Faktoren, da die meisten Leute nur auf den großen Börsen wie Bittrex, Binance etc. handeln. Es gibt jedoch einige andere gute Börsen, die viel häufiger neue Coins aufnehmen als die genannten Zwei. Meistens werden kleine Kryptowährungen erst von mittelgroßen Exchanges wie KuCoin gelistet auf denen sie wachsen können, um im Anschluss daran auf eine Top Exchange zu wechseln.

Neben der Möglichkeit einfach durch alle gelisteten Coins zu gehen (wir werden dir später mehr dazu erzählen) ist es wichtig auf die zu achten, welche ein kleines Handelsvolumen haben. Lass dich nicht von einem geringen Handelsvolumen entmutigen, der beste Moment zu kaufen ist bei einem geringen Handelsvolumen und der beste Moment zu verkaufen ist der bei einem hohen Handelsvolumen. Das gelingt natürlich meist nur, wenn du einen geeigneten Einstieg findest.

## *Nahende Ereignisse*

Einer der besten Wege eine gute Investition zu finden ist sich die nahenden Ereignisse anzusehen. Die Website coinmarketcl.com zeigt dir alle Krypto relevanten Termine an und lässt dich diese nach Coins filtern.

Diese Strategie ist hauptsächlich für Short-term Trades und sollte mit Vorsicht genossen werden, da Neuigkeiten (wie wir später in dem TA Kapitel sehen werden) meistens bereits eingepreist sind. In einer Phase, in der selbst die Veröffentlichung einer Roadmap den Coin im Wert steigen lässt, kann ein Verkauf kurz vor Erreichen des Events trotzdem profitabel sein. An dieser Stelle ist es wichtig der Redewendung „Buy the rumor, sell the news" (Kauf die Gerüchte, verkaufe die News) zu folgen. Stelle nur sicher, dass die News auch wichtig sind (Produkteinführung, Token Verbrennung...) bevor du kaufst – es muss ein Ereignis sein, dass Aufmerksamkeit erfährt.

Wir sind dir an dieser Stelle immer noch die Antwort auf die Frage „wie finde ich den nächsten Edelstein?" schuldig, denn zu wissen wie man einen Coin findet reicht hier nicht aus. Nun kommen wir zu der „richtigen" Analyse.

## *Die Recherche*

Wenn du schonmal auf Twitter unterwegs warst und dir Krypto Investoren angesehen hast, hast du bestimmt auch die Frage „was hältst du von (irgendein Coin)?". Natürlich ist es einfach und sehr bequem die Recherche zu überspringen und jemand anderen zu fragen, ob man diesen oder jenen Coin kaufen sollte, jedoch ist dies auf lange Sicht ein gefährliches Spiel.

Die Recherche im Allgemeinen ist eine sehr individuelle und subjektive Einschätzung, da unterschiedliche Prioritäten gesetzt werden, wie die Laufzeit, das Risiko, der Profit usw. Daher ist es extrem unwahrscheinlich, dass zwei Leute immer dieselbe Meinung über einen Coin haben werden. Darüber hinaus bringt eine eigene Recherche noch etwas anderes mit sich, dass viel wertvoller sein kann – Vertrauen in den Coin. Solltest du schonmal auf Empfehlung einen Coin gekauft haben und dieser ist im Wert gefallen, hat dich bestimmt das Gefühl von Angst und das Verlangen nach dem Verkaufen heimgesucht – hier macht sich die fehlende Recherche bemerkbar.

Das Potenzial genauso gut zu kennen wie das Projekt ist der Schlüssel zum Erfolg. Ohne dieses Wissen steigst du wahrscheinlich aus, bevor der Wert sich entwickeln kann. (Es gibt viele Leute in der Kryptowelt die sagen, der Preis steige immer erst, wenn sie verkaufen – nun das liegt an dem fehlenden Wissen.)

Natürlich kostet es sehr viel Zeit, das stimmt, jedoch ist es notwendig um auch in nicht extremen Bullenmärkten zu bestehen. Da du dieses Buch jedoch gekauft hast nehmen wir an, dass du auch Interesse hast zu lernen – also fangen wir an.

Wir werden die Recherche in die „Kernrecherche" und die „zusätzliche Recherche" aufteilen, um es zu vereinfachen.

# *Kernrecherche*

In dieser Kategorie werden wir die essentiellen Bereiche eines jeden Projekts analysieren, solltest du in einer dieser Kategorien Bedenken haben, solltest du dir ein Investment gut überlegen. Das bedeutet auch, dass eine weitere Recherche nicht nötig ist, da andere wertvolle Kategorien nicht gut genug sein können, um dies auszugleichen.

## *Team*

Das Team ist der Motor des Projektes. Selbst wenn du eine schlechte Idee hast und kein Produkt, kannst du mit einem guten Team Erfolg haben. Dasselbe gilt natürlich auch anders herum, die Idee kann noch so gut sein und ein funktionierendes Produkt haben, wenn das Team unerfahren und schlecht ist hat das Projekt kaum eine Chance. Alles beginnt und endet mit den Leuten in dem Team, dies sollte dein erster Fokus sein. Worauf sollte man bei dem Team achten? Nun, es gibt 5 Dinge, die unserer Meinung nach wichtig sind.

Die Erfahrung der Teammitglieder
Es spielt hierbei keine Rolle, ob die Teammitglieder in großen Firmen wie Microsoft oder EY gearbeitet haben. Was zählt ist die Erfahrung und die Positionen, die sie innehatten (Passen sie überhaupt in die aktuelle Position? Wie lange haben sie dort gearbeitet?). Lass dich nicht von schillernden Namen wie Microsoft oder EY blenden, wenn die Erfahrung oder die Position nicht passt, dann ist der ehemalige Arbeitgeber nichts wert.

Die Erfahrung in der Industrie
Schau dir genau an, ob das Team Erfahrung in dem Markt hat, in den es will. Es ist nicht nur ein Vorteil den Markt zu kennen, nein, es ist auch eine Notwendigkeit aufgrund einer Vielzahl von verschiedenen Spezialitäten, die jeder Markt hat. Erwarte nicht, dass Bänker erfolgreich in der Social Media Branche sind!

Vielseitigkeit
Jedes Team sollte aus einem Kernteam und einem Support bestehen, die aus verschiedenen Gebieten kommen wie Marketing, Finance, Entwicklung, IT, Recht usw. – desto vielseitiger das Team, desto besser. Für kleinere Coins gilt dies natürlich noch nicht, da sie ähnlich wie Start-Ups klein anfangen. Wenn ein ICO jedoch versucht 30, 40 oder sogar 50 Millionen Dollar zu sammeln oder Projekte bereits Milliarden wert sind, sollte man davon ausgehen, dass diese Voraussetzung erfüllt ist.

Gründergeist
Dies richtet sich natürlich an das Kernteam und im Besonderen an den CEO. Projekte in der Kryptowelt sind anders zu führen, als Projekte in der echten Welt, da die Community wesentlich näher an das Team herankommt und eine stetige Kommunikation erwartet. Der CEO sollte aus einer starken Branche kommen, da in der Kryptowelt kaum Platz für Fehler ist. Selbst kleine Versprechen, die gebrochen werden können FUD auslösen, auch wenn dies nicht der Fehler des Teams war.

Entwicklerteam
Dies ist oftmals ein gerne übersehener Aspekt, was eine Schande ist, da dieser Punkt sehr wichtig ist. Da Krypto Projekte meist mit einer Idee anfangen, müssen die Entwickler auch fähig sein diese Umzusetzen. Es gibt einige ICOs mit top CEO, einem perfekten Marketing Stab, der schon für andere große Namen gearbeitet hat, aber ohne guten Entwickler. Ohne Programmierer, kann das Team nichts machen.
*(Wenn du deine Recherche durchführst erkundige dich, ob Entwickler aktuelle Fragen beantworten oder ob dieser Prozess von irgendjemand anderem durchgeführt wird. Wenn das nicht der Fall ist wirft es einige Fragen auf, ob die Blockchain hinter dem Projekt wirklich benötigt wird.)*

## *Idee*

Die Idee ist die Grundlage von allem. Es ist das Erste, was diskutiert wird, wenn das Projekt vorgestellt wird und der erste Eindruck, den ein Investor bekommt. Sie sollte gut genug sein, um sich weiter mit ihr beschäftigen zu wollen. Auch hier gibt es ein paar Punkte, die du beachten solltest.

Blockchain Notwendigkeit
Das größte Problem in der Kryptowelt ist momentan die Frage, ob die Idee überhaupt eine Blockchain benötigt. Nun, du brauchst keine Schuhe zum Laufen, aber es hilft. Es ist ein schmaler Grat zwischen einem Coin der die Blockchain benötigt und einem der sie benutzt. Wenn ein Projekt Smart Contracts ausführen will, ist eine Blockchain selbstverständlich notwendig. Oft etablieren Projekte eine Blockchain nur um in diesem Markt vertreten zu sein.

*(Ein Beispiel hierfür wäre Kryll, eine Handelsplattform, die automatisierte Handelsstrategien nutzt. Hier wäre keine Blockchain Technologie notwendig gewesen, da Kryll diese nur zum Bezahlen nutzt. Selbst das Team gab zu, dass einer der Hintergründe, eine Kryptowährung einzubauen, die Möglichkeit eines ICOs war.)*

Wenn du ein Projekt analysierst, stelle sicher das dieses definitiv eine Blockchain braucht – nicht nur als Bezahlsystem auf der Seite, sondern eines das tatsächliche Probleme des Coins löst. Sollte dies nicht der Fall sein, wird das Projekt wahrscheinlich nur Geldeintreiberei sein.
*(Ein gutes Beispiel für die Notwendigkeit einer Blockchain gibt es in dem Gesundheitswesen. Krankenakten benötigen 100% Sicherheit und Privatsphäre, einer der Hauptanwendungsmöglichkeiten der Blockchain. Es gibt keine Möglichkeit die Blockchain weg zu lassen, da sie ein essentieller Bestandteil des Projektes ist.)*

<u>Innovation</u>
Da die Kryptowelt momentan versucht jede erdenkliche Industrie zu verbessern, scheinen manche Ideen extrem futuristisch (erst recht, wenn es um künstliche Intelligenz geht). Da jedoch 2017 so viele neue Projekte erschienen sind, sind viele dieser Märkte bereits saturiert (geringere Nachfrage aufgrund von großer Konkurrenz).

Daher ist es notwendig, dass neue Projekte mit noch innovativeren Ideen spielen. Kein anderer Markt wächst so schnell wie der Krypto Markt, daher ist ein schnelles arbeiten essentiell. Aus diesem Grund arbeiten manche ICOs bereits an der Blockchain 4.0, während die meisten von uns nicht mitbekommen haben das Blockchain 2.0 veröffentlicht wurde.

*(Ein Beispiel für diesen Wachstum sind die vielen Plattformen die immer höhere Transaktionen pro Sekunde anbieten. Nahezu jeden Monat kommen neue ICOs auf den Markt, die über 1 Millionen Transaktionen pro Sekunde versprechen. Bis jetzt sind wir jedoch sehr weit davon entfernt.)*

Einfach zu Vermarkten
Wie bereits erwähnt ist es notwendig, dass Hype generiert werden kann. Dies kann entweder durch ein brillantes Projekt oder durch eine gut verständliche Idee erreicht werden. Selbst wenn die Idee des Projektes sehr komplex ist, sollte sie doch sehr leicht zu verstehen sein (oft ist es so, dass viele Investoren nicht erklären können was das Projekt eigentlich macht). Es gibt nicht umsonst die Aussage, dass viele Krypto Investoren nicht erklären können was eine Blockchain ist.
*Ein gutes Beispiel ist TomoChain, ein Projekt das Side-Chains nutzt (dies sagt dem Durchschnittsnutzer wenig). Dieses wird jedoch „nur" als Lösung von Ethereums Skalierbarkeitsproblem beworben (dies ist bei vielen Kryptowährungen wie wir gelernt haben ein geläufiges Problem).*

Ein großartiges Projekt kann in der Masse verloren gehen, wenn es nicht ausreichend oder falsch beworben wird. Am wichtigsten sollte sein, dass das Marketing an Investoren und nicht an Geeks gerichtet ist, sodass die Masse erreicht werden kann.

Ziele umsetzen
Ein großes Problem kann entstehen, wenn die Ideen des Teams nicht umgesetzt werden können. Dies betrifft vorwiegend Long-term Investments, aus Gründen, die du bereits kennst.  Suche immer nach ambitionierten aber erreichbaren Zielen!

Wichtig ist eine Mischung aus allem (Team, Partnerschaften, Konkurrenz...), um Erfolg zu haben.

(Ein Beispiel für eine überambitionierte Idee ist z.B. Nucleus Vision, die mit Sensoren arbeiten, die wiederrum Bewegungen aufzeichnen und Menschen erkennen sollen. Die Idee funktioniert in den ersten Schritten gut, wenn man sich die Zukunft ansieht, sollen diese Systeme in großen Stückzahlen produziert werden, um bspw. Kriminelle zu erfassen. Jedoch kann keine der bereits erreichten Meilensteine auch nur ansatzweise dieses Ziel erreichen. Niemand sagt, dass es nicht erreicht werden kann, doch momentan gibt es keinerlei Indiz, dass sie diese Idee umsetzen können.)

## *Entwicklung*

Wir haben bereits darüber geredet, dass Hype ein gutes Produkt überholen kann, jedoch sollten wir trotzdem eine Anforderung an das Team stellen. Dieser Punkt sollte eigentlich sogar der Hautgrund für ein Investment in einen ICO sein, da eine gute Entwicklung immer ein immenser Pluspunkt sein kann. Sobald der Krypto Markt eine „Reifephase" erreicht, werden sich die Projekte absetzen, welche Lösungen vorstellen können und andere, die auf Hype basieren, abhängen. Hier sind zwei Punkte besonders wichtig.

MVP (Minimal Valuable Product)
(Deutsch: die frühste funktionierende Version eines Produktes) Viele der Projekte liefern kaum handfeste Ergebnisse, was verwunderlich klingen mag, da es sich um eine hundert-milliarden-dollar Industrie handelt. Kryptowährungen, die ein funktionierendes Produkt haben und anbieten gehören zu den seltensten, was jedoch nicht bedeutet, dass sie auch mehr wert sind. Du solltest ein Produkt nachfolgenden Fragen untersuchen.

- Wie weit ist das Produkt? (Alpha, Beta, Full Release?) und was ist die Nutzererfahrung?
- Wie viele Menschen nutzen das Produkt? (z.B. eine App, wie viele Downloads?)
- Gibt es Berichte? Treten Fehler auf?
- Wird es auch von Menschen außerhalb der Kryptowelt genutzt?

Eigentlich jede Frage, die dir Aufschluss darüber gibt, wie weit das Projekt sein könnte. Wichtig ist, besonders bei Social Media Produkten und Apps, die Richtigkeit der Daten zu überprüfen. (Die Anzahl der Nutzer wird oft nach dem erreichten Maximum angegeben jedoch nicht der aktuelle Stand. Daher kann es sein, dass dieser bereits um 90% zurück gegangen ist.)
Auch wenn der Fokus auf funktionierenden Produkten mit geringer Marktkapitalisierung liegt, solltest du Projekte in einem frühen Entwicklungsstand nicht ausschließen, da Veröffentlichungen hier wesentlich mehr Aufsehen erregen. Long-term sollte deine Priorität jedoch auf funktionierende Technologien liegen.

Arbeitsnachweis
Theoretisch sollte jede Kryptowährung, welches Geld von den Investoren einsammelt, etwas vorzuweisen haben, jedoch ist dies wie du bereits gemerkt hast nicht immer so. Deshalb ist es wichtig einen Nachweis zu haben, dass tatsächlich an dem Projekt gearbeitet wird. Dies könnte ein verfügbarer Code bei GitHub sein oder eine Alpha/Beta Version eines Produktes. Wichtig ist, dass ein Fortschritt zu erkennen ist.

Die meisten Projekte pflegen eine GitHub Seite mit dem Code, dies sollte dein erster Anlaufpunkt sein. Achte darauf, dass diese Regelmäßig upgedatet werden, wenn dies inaktiv ist frage das Entwicklerteam, warum dies der Fall ist. Zwei Antwortmöglichkeiten könnten sein: 1) Sie wollen den Fortschritt geheim halten 2) Sie wimmeln dich ab, was ein schlechtes Zeichen sein kann.

Neben dem Code selbst solltest du kontrollieren, ob das Team einen anderen Arbeitsnachweis hat, z.B. Partnerschaften, Meetings, Konferenzen usw. Ein Arbeitsnachweis ist sehr wichtig und auch ein Beleg dafür das Meilensteine erreicht wurden.

## *Coin Metrik*

Da wir vom Investieren reden ist es klar, dass wir die höchstmöglichen Erträge erwirtschaften wollen.
Auch die grundlegendsten Projekte können als Investment ungeeignet sein, aufgrund einer schlechten Coin Metrik. Daher sind neben den Grundlagen auch weitere Faktoren wichtig und nicht außer Acht zu lassen. Sobald du über die oben genannten Punkte Bescheid weißt, solltest du dich den folgenden Punkten widmen.

Marktkapitalisierung

Die Marktkapitalisierung ist eine einfache Gleichung, Anzahl der Coins/Aktien x Preis. Sie entspricht der gesamten Bewertung der Kryptowährung und sollte dein erster Anhaltspunkt sein. Die Marktkapitalisierung ist der entscheidende Faktor, der bestimmt, ob ein Projekt unterbewertet ist oder nicht. Behalte im Hinterkopf, dass nicht nur Preisanstiege, sondern auch Token freigaben die Marktkapitalisierung erhöhen können.

*(Manchmal behalten ICOs die Coins ihrer Investoren für eine gewisse Zeit „verschlossen", bevor sie diese freigeben. Die zusätzlichen Coins erhöhen automatisch die Marktkapitalisierung, was in einer Preisreduzierung resultiert.)*

Wie bereits erwähnt hängt es vom gesamten Markt ab was als hohe und was als niedrige Marktkapitalisierung definiert wird. Wie du dir denken kannst bedeutet eine kleine Marktkapitalisierung einen höheren potenziellen Gewinn, allerdings auch ein wesentlich höheres Risiko. Desto kleiner die Marktkapitalisierung, desto einfacher ist es diese mit Hilfe von hohen Beträgen zu manipulieren. Es kommt ganz darauf an was du erreichen möchtest, daher kann niemand für dich entscheiden, ob sich das höhere Risiko lohnt.

Preis
Einer der am häufigsten missverstandenen Metriken ist der Preis. Es ist sehr wichtig zu verstehen, dass ein niedriger Dollar Preis NICHT bedeutet, dass der Coin günstig ist! Der Preis sollte immer zusammen mit der Marktkapitalisierung betrachtet werden, so ist ein 0,01$ Coin mit einer Menge von 10 Billionen wesentlich teurer, als ein 1$ Coin mit einer Menge von 1000. Der Wert des Projektes liegt in der Marktkapitalisierung, nicht in dem Preis.

Dies bedeutet jedoch nicht, dass Coins mit hoher Menge und niedrigem Preis schlecht sind. Im Gegenteil, aus psychologischer Sicht stellt es zufriedener viele „günstige" Coins zu kaufen, als ein paar „teure". Dies macht Coins wie Verge, Cardano und Kin so viel beliebter, da sie den Anschein erwecken unterbewertet zu sein. Dies zu wissen sollte ein Aspekt sein, den du im Hinterkopf behalten solltest, da hier besonders oft sogenanntes „Dumb Money" fließt.

Angebot
Neben der Marktkapitalisierung und dem Preis ist auch das Angebot entscheidend. Hier differenziert man zwischen „Circulating Supply" (Verfügbare Coins) und „Total Supply" (Maximales Angebot). Der Circulating Supply ist, der der die Marktkapitalisierung berechnet und spiegelt die Coins wieder, die im Markt im Umlauf sind. (In anderen Worten, alle die gehandelt werden könnten.)
Der Total Supply ist die maximale Anzahl an Coins, die existieren kann. Die Differenz zwischen diesen beiden Bezeichnungen beschreibt die Coins, die noch nicht verfügbar sind. Der Grund für die Diskrepanz kann sein, dass sie noch nicht gemined wurden (bei PoW Coins) oder dass sie verschlossen sind für eine bestimmte Zeit.
 Der Fokus sollte auf dem Circulating Supply liegen, da dieser Hauptverantwortlich für die Marktkapitalisierung ist. Achte jedoch darauf, dass der Unterschied zwischen den beiden Werten nicht zu groß ist (alles unter 50% sollte, außer bei PoW, Fragen aufwerfen). Du willst nicht in der Situation sein, wenn verschlossene Token den Markt überfluten, oder wenn ständig große Mengen von Coins auf den Markt kommen.

Je kleiner das Angebot, desto besser.

# *Zusätzliche Recherche*

Diese Kategorie kann deine bullische Erwartung aus dem ersten Teil festigen. Wenn ein Projekt nach den ersten Punkten als gut erachtet wurde, wird diese zusätzliche Recherche deine Grundentscheidung kaum beeinflussen. Es kann dir jedoch helfen einzuschätzen wie hoch das Risiko ist und wie selbstbewusst du diesem Coin gegenüberstehst.

## *Community*

Der einzige Grund, warum die Community nicht in der Kernrecherche ist, ist das es eine gute Grundlage benötigt, um eine Community aufzubauen. Begeisterte Fans statt Investoren zu haben kann wahre Wunder bewirken, da es das oft erwähnte Word-of-Mouth Marketing entfesselt. Eine starke Community kann Neuigkeiten viel schneller verbreiten, als jeder andere Kommunikationsweg und verdeutlicht die kontinuierliche Arbeit an dem Projekt.

Um die Community zu bewerten solltest du alle Kanäle (Telegram, Discord...) besuchen und schauen wie aktiv diese sind. (Es kann sein, dass manche Kanäle mit hunderttausenden Menschen weniger aktiv sind als Gruppen mit 300.)
Kontrolliere, welche Themen behandelt werden – geht es um Entwicklungen oder schnelle News, um Geld zu machen. Die Qualität der Gespräche ist ein guter Anhaltspunkt, um abzuschätzen was du erwarten kannst. (Eine gute Community unterstützt das Projekt, ein Investor hält es mit andauernden Fragen auf.)

*(Die wahrscheinlich beste Community ist die von Verge. Die Community war so engagiert, dass sie sogar 3 Millionen Dollar sammelte, damit Verge eine Partnerschaft abschließen konnte. Später stellte sich heraus das es sich um Pornhub handelte (April 2018), die Verge als offizielle Währung akzeptieren.)*

## *Partnerschaften*

Jedes Projekt in der Kryptowelt ist theoretisch ein Start-Up, daher sollte es wie ein Unternehmen bewertet werden. Ein Produkt zu entwickeln heißt nichts, wenn es niemand nutzen will. Viele Leute mögen kleine Projekte, die ohne große Sammelaktionen arbeiten, doch die meisten dieser Projekte haben keinen geeigneten Verwendungszweck.
Kryptowährungen werden nicht mehr alleine auf der Basis der technischen Seite bewertet, sondern auch auf Basis der Unternehmerischen.

Bei Partnerschaften musst du genau nachsehen, was die Partnerschaft wirklich bringt. Es gibt viele ICOs die mit anderen Krypto Projekten Partnerschaften haben, das Problem ist, dass beide nichts vorzuweisen haben. Der wahre Wert liegt in Partnerschaften, die Krypto Projekte mit der „echten" Unternehmenswelt verbinden.

*Ein gutes Beispiel hierfür wäre Request Network, die mit PwC France zusammenarbeiten, um ein neues Bezahlsystem zu entwickeln. Dies bietet nicht nur eine tolle Gelegenheit für REQ, sondern bestätigt auch die Long-term Position.*
*Es gibt jedoch auch einige wenige gute Krypto-Krypto Partnerschaften. Hacken und Quantstamp, die beide an Smart Contracts für ICOs arbeiten, leisten zusammen gute Arbeit mit einigen Fortschritten.*

Suche immer nach Projekten, die Partnerschaften haben und schließen. Es zeugt von Verständnis für die Geschäftswelt. Außerdem kontrolliere, ob die Partnerschaft von beiden Seiten bestätigt wurde. Mehr dazu in dem Thema „Red Flags".

## *Berater*

Berater werden oft in einem Atemzug mit dem Team genannt, jedoch sollten diese nicht dort sein. Berater entwickeln weder dein Produkt, noch schließen sie neue Partnerschaften. Ihre Rolle wird in vielen Fällen überbewertet, da diese meist „Experten" sind die viel Geld haben (Ethereum Experten oder Manager von Goldman Sachs/Microsoft).
Selbst die besten Berater können ein schlechtes Team nicht ausgleichen, da ihre Rolle meist nicht definiert ist und sie selten aktiv an dem Projekt arbeiten. Dies heißt jedoch nicht, dass sie gar keinen Wert einbringen.

Zuerst solltest du überprüfen, in welcher Funktion sie tätig sind oder waren. Auch wenn sie nicht sehr aktiv sind können sie doch wichtige Kontakte und Einsichten in die Industrie liefern. Als nächstes solltest du überprüfen, wie sehr sie sich einbringen werden. (Betreuen sie 10 ICOs auf einmal oder nur einen?) Zu guter Letzt überprüfe, ob dieser Hype kreieren kann. Wie bereits erwähnt werden Berater oft dazu verwendet um Aufmerksamkeit zu bekommen.

*(Ein ICO namens Current hatte Mark Cuban als Berater – ein Entrepreneur und einer der größten Investoren der Welt. Das allein war einer der größten Verkaufsargumente dieses ICOs, auch wenn er nie über diesen in der Öffentlichkeit gesprochen hat.)*

## *Token Verwendung*

Selten wird über die Verwendung des Tokens oder des Coins gesprochen, da diese eine tiefere Analyse erfordert. Selbst mit dem besten Team und den besten Partnerschaften, sollte (in der Theorie zumindest) keine Kryptwährung an Wert gewinnen, wenn der Token keine Verwendung hat. Da wir allerdings wissen, dass oftmals Token ohne Verwendung am stärksten steigen und der Markt nicht rational ist, ist dieser Punkt schwer zu evaluieren und steigert das Risiko. Dies geschieht, wenn der Token das Unternehmen repräsentiert.

*(Ein Beispiel für einen schlechten Verwendungszweck ist Dotcoin von Cryptopia. Der Hauptgrund dieses Coins ist, dass er von neu gelisteten Kryptowährungen gekauft werden muss. Neben dieser Verwendung hat der Coin nichts zu bieten. Nichtsdestotrotz hat der Coin bereits mehrmals 500-1000% Sprünge gemacht.)*

Auch wenn der Verwendungszweck oftmals ignoriert wird, kann ein Projekt sehr stark von einer guten Verwendung profitieren. Falls es einen Verwendungszweck gibt, recherchiere welchen. Wird er als „fuel" (Treibstoff) oder als Bezahlmethode verwendet oder besitzt er eine Aufgabe, die nur der Token ausführen kann? Am Anfang des Projektes mag dieser Punkt nicht so wichtig sein, doch später wird dies essentiell.

*(Ein Beispiel für einen guten Verwendungszweck ist Restart Energy MWAT, welches wir bereits zuvor als „Energiecoin" vorgestellt hatten. Die Plattform besitzt Token, die echte Energie vertreten und für Elektrizität eingetauscht werden können. Das grundlegende Projekt ist ein Plattform Franchisemodell und ein generelles Bezahlsystem. Dieses Projekt ist eines der wenigen, in dem der Token nicht beliebig ausgetauscht werden kann.)*

## *Verteilung*

Eine faire Verteilung der Coins ist sehr wichtig für ein stetiges steigen im Wert. Wenn einzelne Adressen die Mehrheit der Coins halten, besteht das Risiko, dass der Besitzer den Kurs manipuliert. Desto besser die Coins verteilt sind, desto geringer ist der Einfluss einiger weniger. Es ist schwer zu pauschalisieren, welche Verteilung optimal ist, du solltest jedoch vorsichtig sein, wenn die Top 100 Adressen mehr als 90% der Token halten – besonders wenn diese dem Team gehören.

Wenn du dies überprüfen willst, kannst du https://etherscan.io/ konsultieren, wo du den Coin suchen kannst und in dem Reiter „Token Holders" nachsehen kannst wie die Verteilung ist. Meistens werden rund 20% oder mehr vom Team gehalten, was kein Grund zur Besorgnis ist.

## *Konkurrenz*

Eine Menge Coins in derselben Sparte zu haben ist für den Markt sehr gut und schürt Konkurrenzdruck. Auch für die Coins untereinander kann es gut sein, da viele Coins einer Sparte oft parallel steigen.

*Ein Beispiel hierfür ist Wanchain und Fusion, welche direkte Konkurrenten sind, aber im April 2018 parallel gestiegen sind. Oder IOTA und seine Konkurrenten im IoT Sektor, die ebenfalls steigen nachdem IOTA sensationell auf 5 Dollar geklettert war.*

Konkurrenz kann im Markt noch stärkeren Hype und mehr Spekulation erzeugen als ohnehin schon. Du solltest nicht erwarten, dass das bessere Projekt immer an der vordersten Stelle steht. Wie der bekannte Ökonom John Keynes sagte, der Markt kann wesentlich länger irrational bleiben, als du solvent.

Wenn du die Konkurrenz auf der Basis der Kernrecherche analysierst und siehst, dass es kaum Unterschiede gibt, erwarte nicht, dass dein eigentliches Projekt genauso stark wird. Mit so vielen Coins in dem Markt, wird kein Coin stark steigen nur weil die Konkurrenz wertvoller ist. Es kann passieren, dass es zu Pumps kommt, wenn Investoren sich nach einer günstigen Alternative zu dem größten Coin umsehen.

Wenn der Coin den du analysiert hast, Vorteile gegenüber der wertvolleren Konkurrenz hat, versuche zu beurteilen, ob es möglich ist diesen Vorsprung aufzuholen und wie wichtig die Vorteile sind. Wenn du der Ansicht bist, dass dies möglich ist, könnte dies eine sehr gute Investmentgelegenheit sein, da Vergleiche am meisten Aufmerksamkeit erregen.

Je näher sich verschiedene Projekte sind, desto wichtiger sind die Grundlagen. Bei einem großen Unterschied bzgl. der Marktkapitalisierung ist es sehr schwer, auch für bessere Coins, die Differenz aufzuholen.

## *Roadmap*

Die Roadmap zeigt dir, wie gut ein Projekt für die Zukunft plant. Auf dieser Basis können wir entscheiden über welchen Zeitraum wir investieren wollen. Ein paar wichtige Punkte der Roadmap wären folgende.

- Komplexität – wie genau sind die Ziele beschrieben? Nur „Beta launch" oder auch Funktionen? Eine größere Komplexität zeigt dir, dass die Entwicklung gut durchdacht ist und schafft Vertrauen in das Team. (Anstatt Teile der Entwicklung auszulassen oder zu verschieben.)

- Verschiedenheit – worauf fokussiert sich die Roadmap? Hauptsächlich auf technisches oder auch auf neue Börsenlistungen? Je breiter die Ziele gestreut sind, desto besser, da es zeigt das das Team versteht, dass es nicht nur auf die Entwicklung ankommt.

- Erreichbarkeit – Sind die Ziele zu erreichen? Gibt es Zahlen oder Berechnungen, die von Planung zeugen? Ambitioniert zu sein ist gut, doch sollte man auch rational sein. In der Kryptowelt sind Versprechen die nicht gehalten werden fatal. Auch zukünftige Nutzerzahlen oder ähnliche sollten von realistischen Daten abgeleitet worden sein.

- Länge – Wie lang ist die Roadmap? Gibt es Pläne für das nächste Jahr oder die nächsten paar Jahre? Langfristige Planung ist sehr gut, jedoch solltest du darauf achten, dass es nicht zu lange dauert das Produkt zu liefern.

- Genauigkeit – Wie genau sind sie in der Roadmap? Geben sie Q1/Q2... an oder Monate? Desto genauer die Unterteilung, desto größer der Druck auf dem Team das Produkt zeitgemäß zu liefern.

Es kommt vor, dass ein Projekt keine Roadmap hat, besonders bei sehr kleinen Coins, da hier der Fokus nahezu ausschließlich auf der Entwicklung liegt. Für größere Projekte ist es bereits Standard eine zu haben, da dies eine größere Transparenz bietet.

## *Präsentation*

Wie bereits erwähnt sind Projekte, die einfach zu vermarkten sind, die die am schnellsten steigen. Aus diesem Grund ist das Branding und die Präsentation von sehr großer Bedeutung. Alles zählt, Logo, Name, Ticker usw., da dies im Gedächtnis des Investors hängen bleibt.

*Sehr oft steigt der Preis durch ein Rebranding. Ein sehr gutes Beispiel hierfür war NEO, welches ein Rebranding hatte vom Namen AntShares. Dies war gleichbedeutend mit einem Sprung von 5/6 $ auf über 47$.*

Wenn du einen Coin analysierst stelle sicher, dass es keine Fehler in der Namensgebung oder anderen Erstkontakten gibt. Es gibt hier keine Regeln, das Wichtigste ist ein gutes Gefühl.

*Rock Token hat den Ticker $RKT, was sehr oft als Scherz genommen wird und sich deshalb über den Coin lustig gemacht wird. (Falls du nicht weißt warum, schau im Wörterbuch vorbei.) Dies kann ein Vorteil sein, da es Aufmerksamkeit bringt oder ein Nachteil, da Investoren wegen der schlechten Wahl von Buchstaben nicht investieren.*

Neben dem Branding solltest du auch die Website analysieren und sicherstellen, dass diese professionell ist und regelmäßig gewartet wird. Hier sind einige Punkte, auf die du achten solltest.

- Ist die Website deutlich und einfach zu bedienen?
- Gibt es Rechtschreibfehler oder schlechte Graphiken?
- Werden die Verkaufspunkte deutlich?
- Ist die Sprache des Whitepapers/Website technisch oder Wortsalat?
- Wenn das Team nicht anonym ist, sind alle zu sehen und verlinket mit LinkedIn?

Im Allgemeinen ist der Website nicht so viel Gewicht zuzuteilen, wie den anderen Aspekten (Team, Entwicklung...), da dies im Vergleich unwichtiger ist. Jedoch sollte es als Teilaspekt in jeder Recherche Erwähnung finden, da die Website normalerweise einer der ersten Kontaktpunkte mit neuen Investoren darstellt.

## *Marktliquidität*

Die Marktliquidität spielt die größte Rolle für Day-Trader, aber auch Investoren müssen wissen, wann der beste Einstieg ist. Marktliquidität beschreibt wie einfach es ist zu kaufen oder zu verkaufen, abhängig von den Coins die du hast. Desto mehr Börsen einen Coin gelistet haben, desto besser, da dies das Handelsvolumen steigert – es ist nie gut auf nur eine Börse angewiesen zu sein. (Da Handel blockiert werden können durch Wartungsarbeiten.)

Das Fehlen der Marktliquidität ist meist ein Problem von kleineren Coins. Es birgt einige Risiken für den Investor, daher solltest du immer genau analysieren, ob der Einstiegszeitpunkt optimal ist. Die Risiken können folgende sein.

- Es ist dir nicht möglich dein Investment zu verkaufen, aufgrund von einer niedrigen Nachfrage.
- Ein möglicher Marktcrash (durch ein dünnes Order Book ist es einfach, dass eine Person den Preis manipulieren kann).
- Der Coin könnte von der Börse verschwinden, aufgrund eines zu niedrigen Handelsvolumens. Die damit verbundenen Crashs sind kaum zu kompensieren.

Es bringt allerdings nicht nur Risiken mit sich. Es ist sehr wahrscheinlich, dass du keinen tieferen Einstieg findest, da die Nachfrage mit einer neuen Exchange meist exponentiell steigt.

# *Worin unterscheidet sich normale von ICO Recherche?*

Nachdem wir die „normale" Recherche hinter uns gelassen haben, werden wir uns nun den ICOs widmen.

## *Größerer Fokus auf der Entwicklung*

Ein funktionierendes Projekt zu haben sollte für die meisten Investoren einer der wichtigsten Faktoren sein, um gute Profite zu erwirtschaften. Hierfür gibt es einige Gründe.

- Ein ICO muss sich im Gegensatz zu bereits existierenden Coins noch beweisen. Du solltest dein Geld nie für Versprechen eintauschen, bei denen es keine Garantien gibt. Die Kryptowährungen auf dem Markt bieten ein geringeres Risiko, da diese stetige Arbeit vorweisen müssen.

- Ein guter ICO bekommt in der Regel auch viel Aufmerksamkeit. Da jedoch alles mit dem Projekt beginnt, muss dieses gute Produkte vorweisen. Sich lediglich auf Hype zu verlassen wäre grob fahrlässig.

- Es minimiert das Risiko, das das Projekt ein Scam ist. Auch wenn dies nur einer von vielen Wegen ist ein Projekt zu validieren.

## *Red Flags sind wichtiger*

Da die Kryptowelt noch immer ein unregulierter Ort ist und es viele unerfahrene Investoren gibt, gibt es viele Abzocker, die versuchen davon zu profitieren. Ein paar Mal pro Monat gibt es Meldungen, dass ein weiterer ICO mit dem Geld der Investoren weggerannt ist – selten mit Konsequenzen.

In vielen Fällen hätte dies vermieden werden können, da es meist offensichtliche Merkmale gibt. (Vor kurzem gab es einen ICO der Ryan Gosling, als einen der Teammitglieder bewarb.) Während eines Bullmarktes kommt es oft vor, dass solche Projekt mit Leichtigkeit 30 Millionen einsammeln, da die Menschen nicht so wählerisch sind. Deshalb ist eine genaue Analyse Pflicht. (Mehr dazu in dem Red Flag Kapitel.)

## *ICO Metrik*

Die Recherche der Metrik des ICOs ähnelt der normalen sehr, doch müssen zusätzlich noch andere Kennzahlen, wie der Preis, das Token Angebot und die Hard/Soft Cap, analysiert werden.

Um zu erkennen, ob dein Preis günstig ist, musst du wie immer auf das Angebot schauen – also wie viele Coins zu Verfügung stehen. Wir können es nicht oft genug wiederholen, desto geringer der Dollar Preis desto günstiger scheint der Coin zu sein.

*(Nehmen wir an der durchschnittliche Preis beträgt 1$, mit 100m Coins insgesamt. Wenn das unser Standard ist (dies ist der den wir empfehlen würden), dann sollten 1 Milliarde Coins ungefähr 0,1$ kosten und 10 Milliarden ungefähr 0,01$. Alles über diesem Verhältnis (z.B. 0,5$ bei 1 Milliarde coins) ist sehr teuer und deutet einen niedrigeren ROI (Return on Investment) an.)*

Die vielleicht bedeutendste Matrik ist die Hard Cap, die das Limit der Coins in dem ICO bestimmt. Die generelle Regel würde lauten, je geringer diese ist, desto besser. Bei einer niedrigeren Hard Cap können weniger Leute kaufen, dies schürt eine stärkere Nachfrage auf den Märkten. Gleichbedeutend ist es, wenn wir eine hohe Hard Cap haben, dann werden alle Interessenten bedient und die Nachfrage sinkt. (Im März 2018 würden wir 25-30m als die durchschnittliche Hard Cap definieren.)

Wir empfehlen sich von ICOs mit hohen Caps, oder gar unbegrenzten fern zu halten, selbst wenn die Grundlagen sehr gut sind. Diese werden höchstwahrscheinlich günstiger, sobald sie auf die Exchange kommen. Zusätzlich hierzu solltest du die „Lock-up" Zeit im Auge behalten, da dies auch Nachfrage schüren kann.

Es ist ebenfalls wichtig zu wissen wie die Bedingungen für den privaten und öffentlichen Verkauf sind. Normalerweise sind Preis und Bonusse bei privaten Verkäufen wesentlich besser, deshalb ist es so schwer dort hinein zu kommen – normalerweise werden die größten Investoren bevorzugt. Wenn der Unterschied dieser beiden (privat und öffentlich) zu groß ist (halber Tokenpreis für einen großen Teil der Hard Cap z.B.) sei vorsichtig, da dies den Investoren häufig die Chance gibt Coins von Anfang an zu manipulieren. Das gleiche gilt für Bonusse, alles über 40% für frühe Teilnehmer sollte zu Besorgnis führen.

Zu guter Letzt überprüfe wie die Coins verteilt sind. Da das Team während des ICOs viel Geld erhält ist es kein gutes Zeichen, wenn sie zusätzlich viele Coins behalten. (alles über 40% für das Team und andere Entwicklungen sollte eine Warnung sein.) Egal wie die Verteilung ist, du solltest immer herausfinden wie die verschlossenen Token benutzt werden – das Team sollte transparent kommunizieren, wie es diese Token nutzt (die Bezeichnung „Projektentwicklung" reicht hier nicht aus). Wenn die Verteilung Sinn ergibt und das Team gut begründet warum einige Token zurückgehalten werden, zähle dies nicht als Red Flag. Es ist wichtig die Grundregeln flexible anwenden zu können.

Alle Informationen hierüber müssen öffentlich zugänglich sein, wenn sie es nicht sind, stelle sicher, dass du sie erhältst. Sollte die nicht der Fall sein, sollte es jede Menge Fragen in der Community auslösen. (Ein Grund könnte sein, privaten Investoren bessere Konditionen anbieten zu können).

## *Dauer des „Lock-ups"*

Der Lock-up oder die Lock-up Zeit ist die Zeit zwischen dem ICO und dem erhalten der Coins.

Jeder ICO nutzt ein anderes Modell, wenn es um die Zeitspanne der Token Verteilung geht. Manche verteilen diese direkt nach dem Crowdsale auf (dezentralen) Börsen, andere halten die Coins Wochen und Monate zurück. Das Wichtige ist die Marktsituation, in der man sich befindet. Schnelle Verteilung und schnelle Listung bei einer Börse funktionieren sehr gut in einem Bullenmarkt, da Investoren den schnellen Profit suchen können einige ICOs 2/3x über dem ICO Wert gehandelt werden. In einem Bärenmarkt ist die sofortige Verteilung meist mit einem Verlust verbunden, da wenig Nachfrage nach den Coins besteht (außer die Hard Cap war so gering, dass trotzdem Nachfrage besteht).

Lange Lock-ups hängen sehr stark von dem Markt ab. Normalerweise steigert das Warten den Wert in einem Bullmarkt, da das Team Ergebnisse liefert und FOMO erzeugt. Wanchain z.B. startete 10x über dem ICO Preis, da sie eine sehr lange Lock-up Zeit hatten.

Die Lock-up Zeit bringt allerdings auch ein Risiko mit sich, wenn das Timing falsch gewählt wird (Kauf in einem Bullenmarkt und Verkauf in einem Bärenmarkt) bedeutet dies einmal der Verlust des Wertes und zweitens die Opportunitätskosten. Die geläufigste Zeitspanne ist zwei Wochen bis ein Monat. In diesem Zeitraum sollten die Marktverhältnisse möglichst konstant sein, da sonst das Risiko/Profit Verhältnis nicht geeignet ist.

## *Hype*

Wie bereits mehrfach erwähnt ist Hype eine der wichtigsten Faktoren für Short-term Investments, das gleiche gilt auch für ICOs. Desto mehr Beachtung ein ICO erhält, desto eher wird der ICO ausverkauft und desto schneller steigt die Nachfrage. Das Hauptziel ist einen ICO zu finden, der nicht nur eine hohe Nachfrage hat, sondern auch eine niedrige Hard Cap.

Diese Art von ICOs sind allerdings schwer zu kaufen, da normalerweise eine White List erstellt wird und selbst von den Registrierten nicht alle mit Tokens versorgt werden. Wir empfehlen daher sich bei mehreren ICOs anzumelden bevor man die tiefere Recherche durchführt (man benötigt in den meisten Fällen lediglich eine E-Mail-Adresse), da die Liste später bereits geschlossen sein könnte. (Der Kauf ist nicht verpflichtend bei der White List Nennung.)

Sollte nicht genug Nachfrage nach dem ICO bestehen, gibt es keinen Grund an diesem Teilzunehmen, da die Coins wahrscheinlich zu einem niedrigeren Preis gehandelt werden.

## *Präsentation*

Da ICOs Investoren von ihren Fähigkeiten überzeugen müssen, ist der erste Eindruck essentiell. Die Website sollte klar und deutlich sein und von Investoren ohne technischen Hintergrund verstanden werden. Das Team sollte ausführlich vorgestellt werden. Das Whitepaper sollte deutlich sein und Marketingpläne, Entwicklungszeiträume und Marktanalysen enthalten. Halte dich von Whitepapern fern die nach Wortsalat aussehen und viele Versprechen ohne Hintergrund liefern.

Ebenfalls die Kommunikation während des ICOs ist wichtig. Ist das Team ständig erreichbar und beantwortet Fragen? Eine gut organisierte Telegram Gruppe spricht für ein professionelles Unternehmen. Wichtig ist außerdem, dass das Team auf verschiedenen Plattformen aktiv ist wie z.B. Reddit, Twitter, YouTube. Das Fehlen der Kommunikation kann dazu führen, dass sich keine oder nur eine kleine Community gründet.

Beachte dabei wie sich die Kommunikation nach dem ICO verändert. Viele ICOs hören auf einmal auf Videos zu veröffentlichen oder vernachlässigt das Marketing. Versuche ein Team zu finden, dass ihre Arbeit weiterführt und stetig Updates gibt.

# *Red Flags/Scams*

Es ist kein Geheimnis, dass in diesem Markt ohne Regulierung täglich Scams erscheinen. Nicht nur dutzende PoW coins erscheinen jeden Tag, auch viele ICO Scams erscheinen täglich und verschwinden mit sehr viel Geld. Die Art und Weise wie sie es tun ist unterschiedlich, doch ist das Endergebnis immer das Gleiche.
*(Prodeum ICO schloss alle Kommunikationswege und ließ die Website mit dem Wort „Penis" zurück. Bitcoiin ICO nutzte Schauspieler Steven Seagal als Repräsentanten, nur um kurz nach dem ICO zu verkünden, dass das Management das Projekt verlässt.)*

In den meisten Fällen wäre es einfach gewesen die Zwielichtigkeit zu bemerkten, doch wie bereits erwähnt, investieren die meisten Leute lieber blind ohne Recherche. Um sicher zu gehen arbeite immer folgende Liste ab:

## *Echtheit des Teams*

Dies sollte in jeder Recherche einen Platz finden – niemals lediglich die Informationen der Website überprüfen. Stelle sicher, dass jedes Teammitglied ein LinkedIn Profil mit einer Vergangenheit hat und das Berater existieren.

Wenn es keine direkte Verknüpfung zu der Vergangenheit der Teammitglieder gibt und keine Verbindung zwischen den Mitgliedern zu dem ICO, sollten sich erste Bedenken breit machen. Sollte auch eine weitere Recherche der Teammitglieder nichts ergeben, empfehlen wir sich davon fern zu halten. Es gibt keinen Grund warum ein ICO die Informationen der Teammitglieder verbergen sollte!

Dies ist jedoch anders bei kleinen PoW Coins, wo das Team anonym bleiben möchte – in diesen Fällen stelle sicher, dass sie durch Social Media kommunizieren und versuche ein Gefühl dafür zu bekommen wie ernst sie dieses Projekt nehmen. In diese letzte Art von Teams zu investieren ist deutlich riskanter, da es noch einfacher für sie ist mit dem Geld zu verschwinden.

## *Unternehmensinformationen*

Ein weiterer wichtiger Aspekt der Recherche ist zu überprüfen, ob das Unternehmen eine rechtliche Grundlage besitzt (stelle sicher, dass es ein Büro gibt, das Unternehmen registriert ist, eine legale Basis hat...). Diese Informationen sollten an dem Ende der Website stehen oder durch Google zu erfahren sein. Wenn dies keine Treffer ergibt, frage die Teammitglieder. Sollten diese dir keine Details geben oder dich sogar aus der Gruppe entfernen, sollte dies eine große Red Flag erzeugen.

Da fehlende Unternehmensinformationen es einfach machen mit dem Geld zu verschwinden.

Dies gilt wiedermal nicht für kleine Projekte, die von Programmieren verwaltet werden, die auf der ganzen Welt verteilt sind.

## *Umfassendes Premine*

Ein umfassendes Premine (alles über ein paar %) ist immer ein Grund zur Sorge, genau wie eine ungleiche Verteilung. Ein paar Wenigen große Anteile des gesamten Umfangs zu geben (gerade bei PoW Coins) ist mit einem großen Risiko verbunden. Sieh dir die Erklärung des Premines an und sei skeptisch, wenn große Mengen von einzelnen gehalten werden, da dies keine Vorrausetzung für eine Weiterarbeit des Teams ist.

## *Kein Code*

Das Fehlen von GitHub oder einem anderem Arbeitsnachweis sollte ebenfalls eine große Red Flag erzeugen. Außer es gibt einen guten Grund den Code nicht zu veröffentlichen, wie die Angst vor Diebstahl. Es gibt keinen Grund warum Investoren nicht wissen sollten, woran momentan gearbeitet wird.

## *Singalwortsalat*

Dieser Punkt ist sehr subjektiv und deutet mehr in die Richtung der Qualität des Projektes, statt in die des Scams, jedoch ist es wichtig dies anzumerken. Sehr oft sind Websites von ICOs voll von Wörtern wie „revolutionär", „nächste Generation", „überlegen" usw., was auf unerfahrene Investoren einen guten Eindruck macht.

Der Trick ist schwierige Sachverhalte einfach erklären zu können, sodass die Expertise des Teams deutlich wird. Wenn das Team nicht in der Lage ist über technische Eigenschaften zu sprechen, sollte dies Fragen aufwerfen, ob es eine technische Grundlage gibt. (Es gibt viele ICOs die 30 Millionen sammeln, obwohl sie nichts außer ihrem Whitepaper haben.)

Du solltest dir jedoch merken, dass das Team auch versuchen könnte eine große Community aufzubauen, was mit solchen Begriffen einfacher ist. Stelle sicher, dass eine technische Grundlage des Projektes existiert.

## *Plagiarismus*

Plagiarismus ist nicht das Schlimmste was ein Projekt machen kann, aber ein Grund zur Besorgnis. Meistens sind hiervon Whitepaper betroffen und viele ICOs wurden dabei erwischt wie sie abschrieben (z.B. DADI). Die Bedeutung davon hängt davon ab wie das Team es begründet. Die Stellungnahme zeigt dir, wie das Team/Management ist – gibt es den Fehler zu und entschuldigt sich für das Plagiat, was sehr selten ist oder versuchen sie sich raus zu reden, indem sie erklären die selben Quellen genutzt zu haben usw. Es gibt Fälle in denen bereits existierende Unternehmen Probleme hatten sich in der Kryptowelt zurecht zu finden, jedoch ist auch dies kein Grund dafür ein Plagiat zu veröffentlichen.

Wenn ein Whitepaper (der Businessplan der Kryptowelt) Plagiate enthält zeugt dies von Faulheit oder Inkompetenz und sollte niemals akzeptiert werden. Sollte das Projekt jedoch sonst ausgezeichnete Arbeit leisten und das Team positiv auf die Anschuldigungen reagieren, kann man darüber hinwegsehen. Eventuell könnte es sogar der perfekte Einstieg für dich sein, denn was am Ende des Tages zählt ist das Projekt.

## *Promiwerbung*

Dieser Punkt ist nicht so gravierend wie das Nennen eines falschen Teammitglieds oder das Fehlen des Codes. Die Geschichte zeigt uns jedoch, dass ICOs und Projekte die von bekannten Namen wie Paris Hilton, Steven Seagal oder DJ Khaled unterstützt werden, oft grauenhafte Investments oder sogar Scams sind. Wenn ein Projekt nicht für sich selbst werben kann und Stars benötigt, die keine Verbindung zu der Kryptowelt haben, solltest du wahrscheinlich fernbleiben. Gute Projekte fokussieren sich auf die Entwicklung und das Produkt und nicht auf billige Promotion.

## *Falsche Partnerschaften*

Dies ist eine der beliebtesten Methoden von Scam Projekten Aufmerksamkeit zu bekommen. Falsche Partnerschaften können folgendermaßen aussehen.

- Partnerschaften als vollendet darstellen, obwohl man sich nur in Gesprächen befindet. Dies war bei vielen chinesischen Projekten so, die nach und nach Logos bekannter Unternehmen von ihren Partnern entfernten.
- Die Wichtigkeit der Partnerschaft übertreiben. Beispiele aus der Kryptowelt sind z.B., BMWs Datenbank, die für jede dritte Partei zugänglich ist, als Partnerschaft zu verkaufen. Oder eine Partnerschaft mit einem Shop zu haben, der bspw. Tommy Hilfiger verkauft. Das bedeutet nicht, dass eine Partnerschaft zu der Marke Tommy Hilfiger besteht. Hier werden Investoren sehr oft getäuscht. Sehr wenige Teams stellen tatsächliche Beweise für ihre Partnerschaften zu Verfügung.
- Partnerschaften erfinden. Dies wird von nahezu jedem Scam getan und sollte einige Red Flags erzeugen.

Um die Partnerschaften zu überprüfen schreibe dem Team und versuche näheres zu den Partnerschaften zu erhalten. Da die Aufmerksamkeit der Allgemeinheit zunimmt und immer mehr von den Gefahren von Scams wissen, gibt es eine hohe Wahrscheinlichkeit das eine ähnliche Recherche bereits auf Twitter zu Verfügung steht.

Ein Kommentar zu Scams: Auch auf einer großen Exchange gelistet zu sein, heißt nicht, dass das Projekt legitim ist. Natürlich haben solche Börsen genaue Vorschriften und die Chance das ein Scam gelistet wird ist sehr gering, doch kann es immer passieren. (Centra wurde von der SEC angeklagt, was zur Löschung auf Binance führte.) In einem so neuem Markt wie dem der Kryptowährungen sollten alle Verdachtsfälle gründlich überprüft werden, da Werte oft, schneller als man schauen kann, auf 0 fallen.

## *Grundstimmung des Marktes*

Wenn es ein Werkezeug gibt, das genauso zuverlässig darin ist Preisböden vorherzusagen wie eine TA dann ist es die sogenannte Grundstimmung des Marktes. Im nächsten Kapitel werden wir diskutieren, wie du anhand von bestimmten Marktemotionen erkennen kannst, ob das Maximum des Wachstums erreicht ist. Die bekannte Handelsregel besagt „Buy the fear, sell the greed" (Kauf die Angst, Verkaufe die Gier). Der Boden ist meist nahe, wenn Investoren kapitulieren und das Projekt als Scam bezeichnen (ohne, dass dafür ein Beweis existiert.)

Während des 2018 Bitcoin „Lochs", das um 6800$ lag, sagten viele Investoren voraus, dass er weiter bis 5000$ oder sogar 1000$ fällt. Zur Überraschung vieler stieg der Bitcoin kurzer Hand wieder auf über 9000$. Anders herum funktioniert es genauso, sobald ein Coin als „nächster Bitcoin" bezeichnet wird und Investoren damit angeben wieviel Geld sie verdient haben, ist es ein Zeichen zu verkaufen. (Wie das alte Wall Street Sprichwort besagt, wenn dein Taxifahrer über ein Asset spricht, solltest du verkaufen.)

Ein gutes Beispiel dafür ist Ethereum, bei dem die Leute beim Erreichen des neuen ATH das „Flippening" (der Vorgang indem eine Kryptowährung den Bitcoin als wertvollste Währung ablöst) vorhersagten. Twitter explodierte mit wahnwitzigen Preisvorhersagen, nur um später auf den harten Boden der Realität zurückgeholt zu werden, der einen wochenlangen Negativtrend nach sich zog. Der Markt erlaubt es niemals, der Mehrheit zu gewinnen, deshalb ist es so wichtig „Gegenzutraden" und sich nicht von der Masse, sondern von seinem Verstand leiten zu lassen. Mehr hierzu später in dem Investment Kapitel.

# *Technische Analyse*

Bevor wir mit diesem Kapitel beginnen wollen wir betonen, dass nicht alle Aspekte der technischen Analyse behandelt werden. Die TA zu beherrschen ist ein sehr langer Prozess, der nie endet. Unser Ziel ist es dir in diesem Kapitel beizubringen, wie du Charts liest und dir zu zeigen welche Analysemöglichkeiten du hast. Wir werden dir die Werkzeuge durch eine kurze Definition erklären und dir Anwendungsbeispiele zeigen. Wenn du diese genauer studieren möchtest, werden wir dir einige hilfreiche Quellen am Ende des Buches nennen.

## Die Bedeutung der technischen Analyse

Zu allererst, die TA zeigt dir nicht zu 100% wo der Preis sein wird. Es hilft dir die Vergangenheit zu nutzen, um aufgrund dieser Potenziale oder Zyklen zu erkennen. Es sollte niemals als sicher angenommen werden, da der Krypto Markt sehr leicht manipuliert werden kann. Es gibt viele positive wie auch negative Meinungen über die TA, wir können nur sagen, dass sich diese Methode für uns schon des Öfteren bewährt hat. Du solltest die FA nutzen, um zu ermitteln OB du investierst und die TA um zu wissen WANN. Beide Analysen sind unserer Meinung nach essentiell. Die TA schließt selbstverständlich nicht, den Einfluss von Manipulationen ein.

Es gibt nicht den einen Weg eine technische Analyse durchzuführen. Jeder hat seine eigene Methodik, da es kein richtig oder falsch gibt. Solange du erfolgreich bist, kann diese Methodik nicht als schlecht bezeichnet werden. Schaue trotzdem wie andere Trader handeln und versuche dir das „Beste" für dich abzuschauen.

## *TA Grundlagen*

Bevor wir mit den Indikatoren beginnen, wollen wir dir 3 grundlegende Konzepte vorstellen, die von John J. Murphy entwickelt wurden und als Grundlage dieser Methodik dienen.

### *Der Markt reduziert alles*

Dieser Punkt ist die Basis für alle die behaupten, dass eine technische Analyse allein ausreicht und es keiner fundamentalen Analyse bedarf. Das Konzept besagt, dass sich alle News/Veröffentlichungen/Gerüchte sofort im Preis wieder spiegeln. Der Preis ist demnach die Reflektion jedes Faktors der Einfluss auf den Coin hat. Dies bedeutet im Endeffekt, dass es nicht nötig ist der Projektentwicklung zu folgen, da diese bereits im Graphen zu sehen ist. In der Realität erlaubt es dem Investor jedoch Preisbewegungen zu antizipieren, wie wir bereits mehrfach erwähnt haben.

### *Der Preis folgt dem Trend*

Egal welche Zeitspanne wir betrachten, der Preis folgt immer einem Trend, egal ob steigend oder fallend. Die Wahrscheinlichkeit ist höher, dass der Preis seine Bewegung fortsetzt, als entgegengesetzt zu arbeiten. Der Job des Analysten ist es, den Trend frühestmöglich zu erkennen und ihn auszunutzen. Diese Bewegungen können sich, abhängig von der Zeitspanne, unterscheiden – der Preis kann sich generell in einem Aufwärtstrend befinden, aber eine kleine Korrektur haben, die einen vorübergehenden Abwärtstrend auslöst.

Zwischen verschiedenen Trends erfährt der Preis oftmals sogenannte Consolidation Zonen, diese beschreiben einen Zeitraum, indem der Preis weder einen Aufwärtstrend, noch einen Abwärtstrend nach sich zieht. Dieser Begriff wird in den folgenden Kapiteln öfters benutzt.

## *Die Geschichte wiederholt sich*

Die Preisbewegung, die sich schonmal ereignet hat, wird sich höchstwahrscheinlich wiederholen. Um dies zu bestätigen kannst du verschiedene Indikatoren benutzen, doch in Wahrheit ist meist die Einfachste die Beste. Auf „Support"- (Unterstützungen) und „Resistance" (Widerstand) Zonen zu setzen kann genauso effektiv sein, wie komplexe Indikatoren wie „Ichimoku Cloud" oder „Bolinger Bands" zu nutzen.

Eine TA ist Analyse der Preisbewegung. Um diese durchzuführen kannst du verschiedene Indikatoren nutzen. Desto mehr du dich mit dieser Disziplin auseinandersetzt, desto wohler wirst du dich bei deinen Trades fühlen. Support und Resistance Linien zu analysieren kann genauso profitabel sein, wie fortgeschrittene Werkezeuge zu nutzen.

Während deiner Analyse musst du sowohl Bullen-, als auch Bärensignale erkennen und entscheiden, wie du mit diesen umgehst. Wir empfehlen dir während du dieses Kapitel liest einige Indikatoren gleich auszuprobieren (nutze hierzu eines der Werkezeuge auf TradingView oder Coinigy). Wie so oft im Leben wirst du nicht besser werden, bevor du es nicht einige male versucht hast. Technische Analysen gehören zu den schwierigsten Eigenschaften, daher solltest du dies gut üben.
Bevor wir weiter machen, müssen wir noch ein paar weitere Konzepte erläutern, damit du vollends für die Welt des Handels gewappnet bist.

## *Der Trend*

Der Trend ist die Basis von allem, was mit der TA zusammenhängt. Jedes Werkzeug, das wir behandeln, wird dir dabei helfen den Trend vorherzusagen. In diesem Zusammenhang gibt es das bekannte Sprichwort „The Trend Is Your Friend" (Der Trend ist dein Freund), was bedeutet du solltest nicht gegen ihn, sondern mit ihm handeln. Was jedoch ist der Trend genau?

Der Trend beschreibt die Bewegung des Marktes. Es ist eine Mischung aus Höhen und Tiefen, die der Preis vollzieht während er sich in eine Richtung bewegt. Dieser ist niemals eine gerade Linie, sondern eine Folge von Wellen, die sich nach den Support- (Unterstützung) und Resistance (Widerstand) Zonen richtet. Die Interpretation könnte einfacher nicht sein:

- Höhere Tiefen + höhere Höhen = Aufwärtstrend
- Tiefere Tiefen + tiefere Höhen = Abwärtstrend

Hinzu kommt,
- Höhere Tiefen + tiefere Höhen = abnehmende Volatilität (abzusehende Bewegung im Markt)

- Tiefere Tiefen + höhere Höhen = zunehmende Volatilität (Seitwärtsbewegung des Marktes)

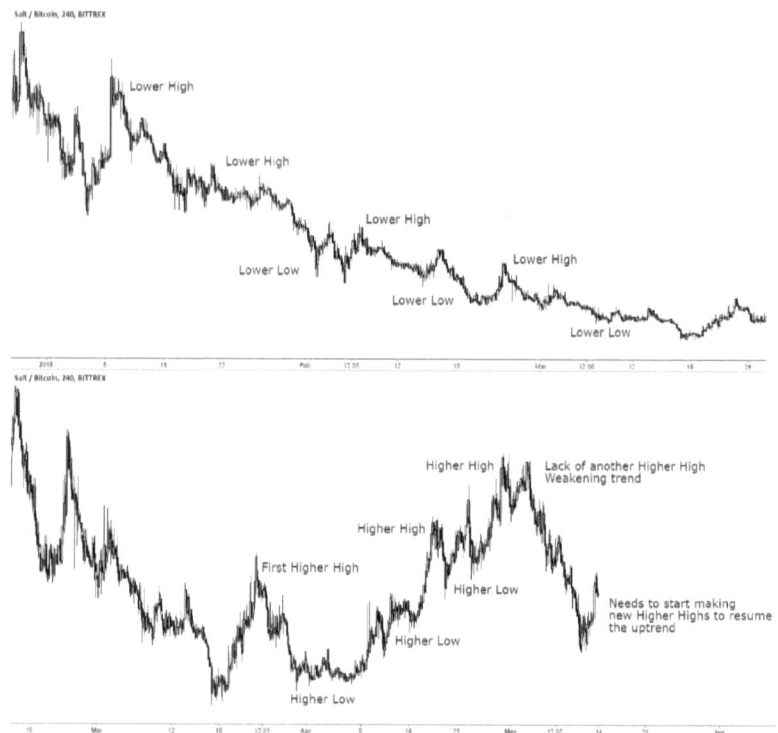

Wie wir sehen können gibt es 3 Arten von Trends – Aufwärtstrend, Abwärtstrend und Seitwärtstrend (keine klare Richtung). Die ersten 2 Trends sind offensichtlich, der horizontale hingegen kommt meist zustande, wenn der Markt kurz vor einer Bewegung ist. Es gibt nicht immer aussagekräftige Signale, ob sich der Markt rauf oder runter bewegt, daher ist manchmal der beste Ratschlag für das Handeln, nicht zu handeln.

Very volatile price action with numerous spikes and dumps

Im März 2018 Bitcoin zu handeln war sehr frustrierend, da es kaum Anhaltspunkte gab, die verrieten, ob der Preis steigen oder sinken würde. Wir würden Zeiten wie diese eine „Nicht-Handeln" Zeit nennen und erst dann einsteigen, wenn ein Trend absehbar ist.

Ein großer Trend ist wichtiger, als alle anderen Short-Term Ereignisse. Ein jahrelanger Aufwärtstrend bleibt bullisch, auch während Korrekturen. Auf dem Markt zu handeln beschreibt lediglich die Aufwärtsbewegungen zu kaufen und vor der Abwärtsbewegung zu verkaufen. Um dies zu erreichen nutzen Händler verschiedene Werkzeuge.

## *Handelspaare*

Jeder Coin hat seine eigenen Handelspartner, manche nur einen. Ein Handelspaar (oder in Englisch Trading Pair) bedeutet, dass eine Währung gegen einen anderen Wert getauscht werden kann, dies ist das Handelspaar. Die meisten Kryptowährungen auf dem Markt werden gegen BTC gehandelt, d.h. um diese zu erwerben, musst du zunächst BTC erwerben. Dies schafft eine starke Korrelation (Abhängigkeit) zwischen dem Preis der Kryptowährungen und dem des Bitcoins. (So können diese bei gleichbleibenden BTC-Wert sowohl im Wert fallen, als auch steigen.)

*(Sagen wir einmal wir haben einen Coin wie TRON, der 1000 Satoshis wert ist. Mit einem Bitcoin-Wert von 10.000$/Stk, würde dies einen Wert von TRON über 0,01$ beschreiben (1000 sat = 0,000001 BTC). TRON kann auf zwei verschiedene Arten an Wert gewinnen und verlieren – wenn der BTC-Wert verändert wird oder der Preis des Bitcoins. Hierzu ein paar Beispiele:*

- *TRON bleibt bei 1000 sat, doch der Bitcoin steigt auf 12.000$. TRON würde demnach, obwohl er gleich viele Bitcoins wert ist, im Wert steigen (0,012$).*
- *TRON nimmt um 50% zu, während der Bitcoin bei 10.000$ bleibt. TRON ist nun 1500 sat wert (0,015$).*
- *TRON nimmt um 50% zu, während der Bitcoin um 50% fällt. TRON ist nun 1500 sat wert, doch Bitcoin nur noch 5.000$. Trotz der Preissteigerung in BTC ist TRON nur noch 0,0075$ wert.)*

Immer mehr Coins bekommen neue Handelspaare, wie ETH, USDT (Tether) usw., jedoch wird die absolute Mehrheit immer noch in BTC gehandelt. Bis die Börsen mehr USD Handelspaare zu Verfügung stellen, solltest du immer den Trend des Bitcoins im Auge behalten. Der gesamte Markt erfährt Rückschläge, sobald der Bitcoin volatiler wird. Achte darauf während du handelst und behalte den Bitcoin immer im Auge.

Am besten handelst du deinen Coin gegen einen mit dem größtmöglichen Handelsvolumen. Die Graphen sind zuverlässiger, wenn es sich um Märkte mit einer hohen Liquidität handelt. Das bedeutet jedoch nicht, dass du die anderen Handelspaare ausblenden solltest, da jeder Graph eine neue Perspektive schafft.

*Wenn ein Coin ein Handelspaar von USD/USDT ist, solltest du trotzdem den generierten Graphen analysieren (diese Funktion gibt es bei TradingView). Unsicherheiten können vielleicht leichter mit dem BTC Graphen erklärt werden, als mit dem USD Graphen. Das gilt besonders für Coins die sowohl mit BTC als auch USD gepaart sind – handle immer das Paar in welchem du die Gewinne realisieren möchtest.*

## *Log vs. Linear*

Die Art der Skala ist ein weiterer Streitpunkt unter Händlern. Man kann nicht unumstritten sagen, die eine sei besser als die andere, daher werden wir dir zeigen in welcher Situation du welche nutzen solltest. Bevor wir dies jedoch tun, müssen wir zunächst einmal sehen was die beiden Skalen bedeuten. Es handelt sich um die Darstellung des Graphen.

Linear – die Distanz zwischen den Preisen ist identisch, egal wo sie auftauchen. Eine 10$ Kerze (wir sehen gleich was es mit diesem Begriff auf sich hat – es ist eine Art der Darstellung der Preisbewegung), die bspw. von 20$-30$ reicht, sieht genauso aus wie eine von 410$-420$, da der Preis bei beiden um 10$ zunimmt.

Logarithmisch – die Distanz zwischen den Preisen hängt von dem Preisniveau ab. Dieselben 10$ Wertzuwachs werden anders dargestellt, wenn sie von 20$-30$ reichen, als von 410$-420$. Hier wird nicht der absolute Wertzuwachs, sondern der prozentuale Wertzuwachs berücksichtigt (einmal 50% und einmal 2,43%).

In der Theorie sind Log-Graphen sinnvoller, da sie die Emotionen der Händler besser anzeigen. Hier wird veranschaulicht, wie stark die gesamte Marktkapitalisierung zugenommen hat. Dies erlaubt dir volatilere Bewegungen besser zu analysieren, da diese proportional dargestellt werden, statt nahezu senkrecht, wie es bei dem linearen Graphen der Fall wäre.

In der Praxis hingegen sind beide Wege erfolgreich – abhängig von der Zeitspanne. Ähnlich wie bei den Handelspaaren, bieten dir beide Graphen mehr Daten zum Auswerten. Für Long-Term Analysen bevorzugen wir die logarithmischen Graphen, da diese objektiver sind. Lineare Graphen sind jedoch besser für Short-Term Analysen, da Anstiege hier besser zu erkennen sind und es einfacher ist, die Stärke der Bewegung zu erkennen.

Dies hängt selbstverständlich sehr stark von einem selbst ab, daher ermutigen wir dich beide Typen für dich zu testen und zu beurteilen, welche du wann benutzt.

*Ein Beispiel für eine logarithmische und lineare Skala konnte während des letzten Märzes (2018) beobachtet werden, als der Bitcoin aus dem diagonalen Abwärtstrend „ausbrach". Dies sorgte zunächst für Begeisterung, als der Bitcoin zunächst die Resistance (Widerstand) Linie auf der linearen Skala durchbrach. Log-Graphen Anhänger empfanden dies allerdings als nicht erwähnenswert, da ihre Resistance Linie nicht erreicht wurde. Doch irrten sich letztere und der Preis stieg um 45%, bevor er die Resistance der log-Graphen durchbrach. Die lineare Trendlinie wurde ebenfalls während des Abwärtstrend von den 20.000$ zum Jahreswechsel 2017/2018 nicht beachtet, wobei sie hätte helfen können diese Entwicklung antizipieren.*

## *Zeitspannen*

Die Zeitspanne zu wählen hängt sehr stark davon ab, wie du handeln möchtest. Wenn du Day-Trading betreiben willst, sollte dein Fokus auf den 1-Stunden-Kerzen oder den 30-Minuten-Kerzen liegen. Solltest du dich auf längere Zeiträume konzentrieren wären Tages-Kerzen oder 4-Stunden-Kerzen zu empfehlen. Dir sollte hierbei bewusst sein, dass größere Zeitspannen zuverlässiger sind als kurze. Wenn wir zwei unterschiedliche Signale erhalten in zwei unterschiedlichen Zeiträumen, (sagen wir einmal Tages-Kerzen und 1-Stunden-Kerzen) sind die Short-Term Bewegungen als Korrektur der allgemeinen Aufwärtsbewegung zu interpretieren. Zunächst solltest du immer mit der größeren Zeitspanne beginnen, um den aktuellen Trend zu erkennen und danach, je nach Bedarf, kleinere Zeitspannen analysieren.

Wenn du kleine Zeiträume analysierst solltest du immer bedenken, dass die größeren mehr Aussagekraft haben. Wir werden in Kürze die Resistance- (Widerstand) und Support (Unterstützung) Zonen erkunden, dort wirst du sehen wie wichtig das gelernte ist. Um ein ausgewogenes und vor allen Dingen aussagekräftiges Ergebnis zu erzielen, musst du immer mehrere Zeitspannen einbeziehen.

## *Kerzen*

Die absolute Grundlage bei der Darstellung von Graphen sind die sogenannten Kerzen, welche eine weitausgrößere Hilfe sein können, als die meisten denken. Allein mit der Analyse der Kerzen ist es möglich Preisverläufe zu antizipieren. Es gibt neben Kerzen noch weitere Darstellungsmöglichkeiten (Balken, Linien, Haikin Ashi), da diese jedoch die geläufigste und auch hilfreichste Darstellung ist werden wir ausschließlich diese näher behandeln.

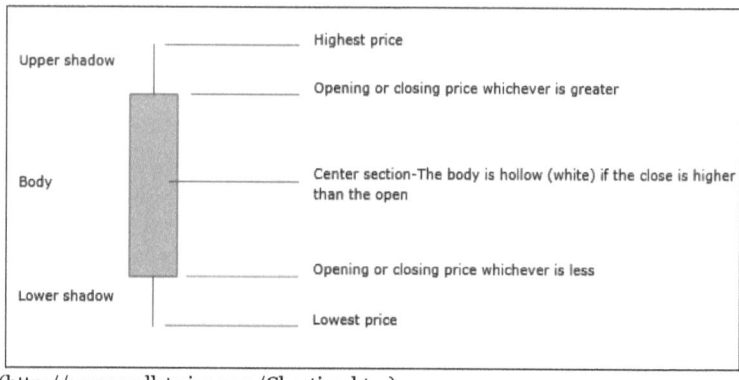

(http://www.wallstwise.com/Charting.htm)

Der Hauptteil der Kerze ist der Body (Körper). Dieser zeigt den Anfangs-, sowie den Endwert an. Der Shadow (Stiel) ober- oder unterhalb des Körpers zeigt an, in welchem Bereich sich der Preis, zwischen dem Anfangs- und Endwert, bewegt hat. Eine Kerze repräsentiert hierbei eine Zeitspanne, z.b. 1 Stunde. Wenn der Anfangspreis niedriger ist als der Endpreis (Wertsteigerung), so ist die Kerze meist grün. Sollte der Anfangspreis höher als der Endpreis sein (Wertverlust), so ist die Kerze meist rot.

Die Struktur der Kerze kann dir viel über den momentanen Trend sagen. Ein langer Körper mit kurzen Stielen ist ein Zeichen der Stärke, während ein kleiner Körper mit langen Stielen ein Zeichen der Schwäche und eines Umschwungs sein kann. Kerzen mit langen Stielen (Shadows) heißen Dojis.

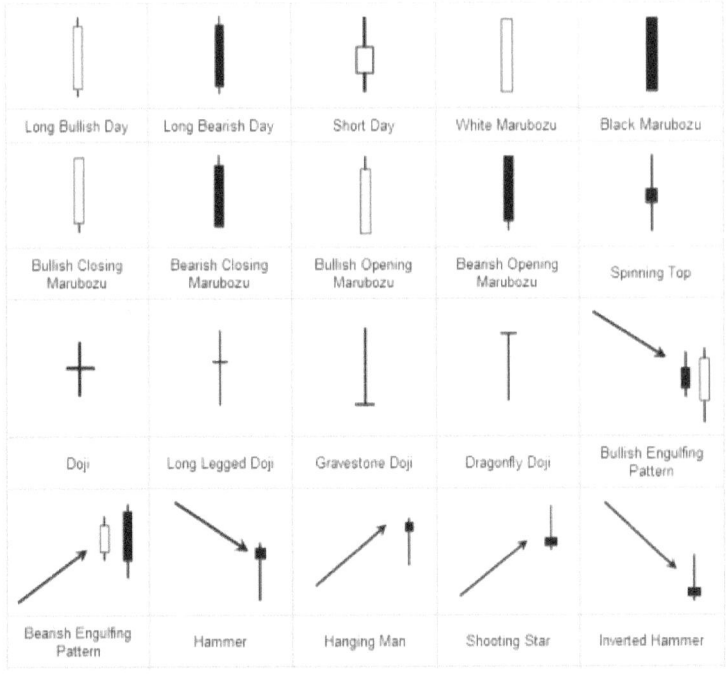

(http://www.technicaltradingindicators.com/tradestation-indicators/83-candlestick-patterns/)

Abhängig von der Zeitspanne kann ein Hammer oder ein Shooting-Star ein Signal für einen Umschwung andeuten (signalisiert Kaufkraft bzw. Verkaufskraft). Hierzu benötigst du weder Trendlinien noch anderen Indikatoren, um Preistendenzen zu erkennen.

Eine weiter wichtige Kerze, die du benötigst, ist die Blow-off Top oder Kapitulation. Diese sind Wendepunkte, an denen es meist zu einem Trendwechsel kommt. Es ist ein Indikator dafür, sich an der Spitze oder dem Boden zu befinden. Eine solche Kerze ist meist sehr groß und hat einen langen Stiel, diesen folgen oft weitere Kerzen mit ähnlichem Muster.

Kerzen können Muster erstellen indem sie mit 2 oder mehreren zusammen betrachtet werden. Die beliebtesten hier sind der Tweezer Top/Bottom und entweder der Evening Doji Star oder der Morningstar.

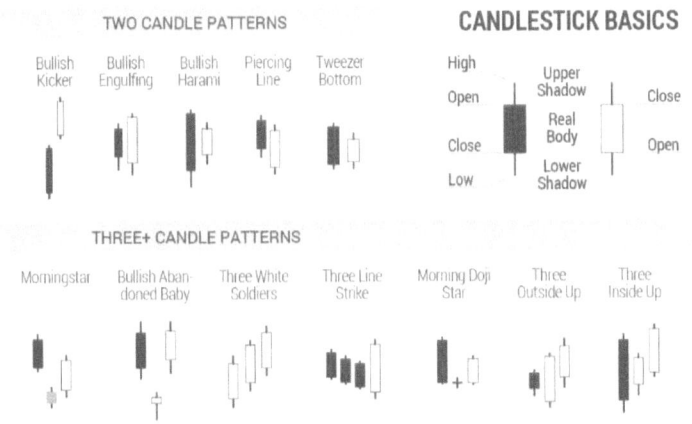

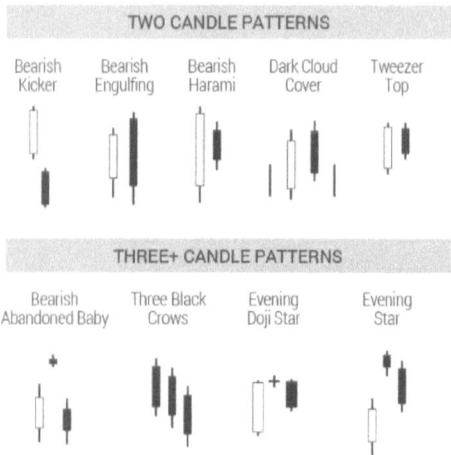

(https://www.infographicsarchive.com/economics/candlesticks-cheat-sheet/)

Da wir nur das Prinzip hinter den Kerzen erklären wollen, werden wir nicht auf jede Kombination im Einzelnen eingehen, da dies den Rahmen dieses Kapitels sprengen würde, Am Ende des Buches werden wir einige Quellen auflisten, die wir dir empfehlen zu lesen, sobald du das Buch durchgelesen hast.

Kerzen sind zwar nur ein Werkzeug, das du zum Analysieren nutzen kannst, doch sind sie immer da, auch wenn andere Werkezeuge mal nicht zu Verfügung stehen.

## *Resistance und Support*

Wir haben bereits erwähnt, dass der Trend meist von der Preisbewegung vorhergesagt werden kann. Diese Preisbewegungen werden wiederrum durch Höhen und Tiefen begrenzt. Dadurch entstehen unterschiedliche Ebenen die Resistance (Widerstand) und die Support (Unterstützung), diese sind neben den Kerzen die wichtigsten Werkzeuge der TA.

Der Support ist der Punkt, von dem der Preis „abprallt" bevor er wieder steigt. Wenn dieser Support bricht kann entweder eine Trendwende entstehen (wahrscheinlicher, wenn es in einer großen Zeitspanne geschieht) oder eine Trendschwächung, mit der Chance einer erneuten Erholung.

Die Resistance ist das genaue Gegenteil, da diese den Punkt beschreibt, an dem die Kaufkraft größer ist als die Verkaufskraft. Eine gebrochene Resistance ist nicht zwangsläufig ein Zeichen für einen Aufwärtstrend, jedoch deutet es meist das Ende des Abwärtstrends an.

Es ist sehr wichtig zu verstehen, dass wenn immer der Support oder die Resistance bricht, sich die Rollen vertauschen. (Der gebrochene Support wird zur Resistance und die gebrochene Resistance wird zum Support.) Dies ist nicht nur für die spätere Analyse wichtig, sondern auch für die Level selbst, da diese oft kurz getestet werden. Dieser Punkt bietet meist eine gute Gelegenheit um entweder zu kaufen oder zu verkaufen.

Der Support und die Resistance können auf zwei verschiedene Arten gezeichnet werden, entweder mit horizontalen Ebenen oder durch Trendlinien. Wir werden uns beides ansehen, da es oftmals eine Geschmackssache ist, welche der beiden man bevorzugt. Wir bevorzugen eine Mischung, da es uns ermöglicht mehr Werkezeuge für die Analyse zu nutzen.

## *Horizontale Ebenen*

Das erste was du über die sogenannten „Horizontals" lernen solltest (oder allgemein jeden Support) ist, dass diese keinen genauen Punkt, sondern Zonen beschreiben. Diese Zonen variieren in den Werten und ein kurzzeitiger Bruch kann immer noch als Bestandteil dieser Zone gewertet werden, solange der Preis nach Ende der Kerze innerhalb der Zone ist.

Ein gutes horizontales Level kann an ein paar Eigenschaften gemessen werden.

- Anzahl der Berührungen = Je öfter die Zone „getestet" wurde, desto stärker ist diese.

- Reaktion des Levels = Je volatiler die Reaktion ist, desto stärker ist diese. Wenn der Abpraller signifikant ist, sollte diese Ebene stärker sein.

- Anzahl der „Flips" = Desto öfter sowohl die Resistance als auch der Support getestet wurde, desto wichtiger sind diese für Käufer und Verkäufer.

- Zeitspanne = Wenn sich die Ebene über einen längeren Zeitraum bewährt hat, wird sie bedeutender.

- Aktualität = Die Zone sollte öfters getestet werden, um sicher zu stellen, dass die Grenzen noch aktuell sind.

Wie zuvor erwähnt ist es wichtig, mehrere Zeitspannen in Betracht zu ziehen. Wenn du 4-Stunden-Kerzen handeln möchtest, fange mit täglichen oder wöchentlichen an. Hier haben wir ein Beispiel für dich wie diese Ebenen aussehen könnten.

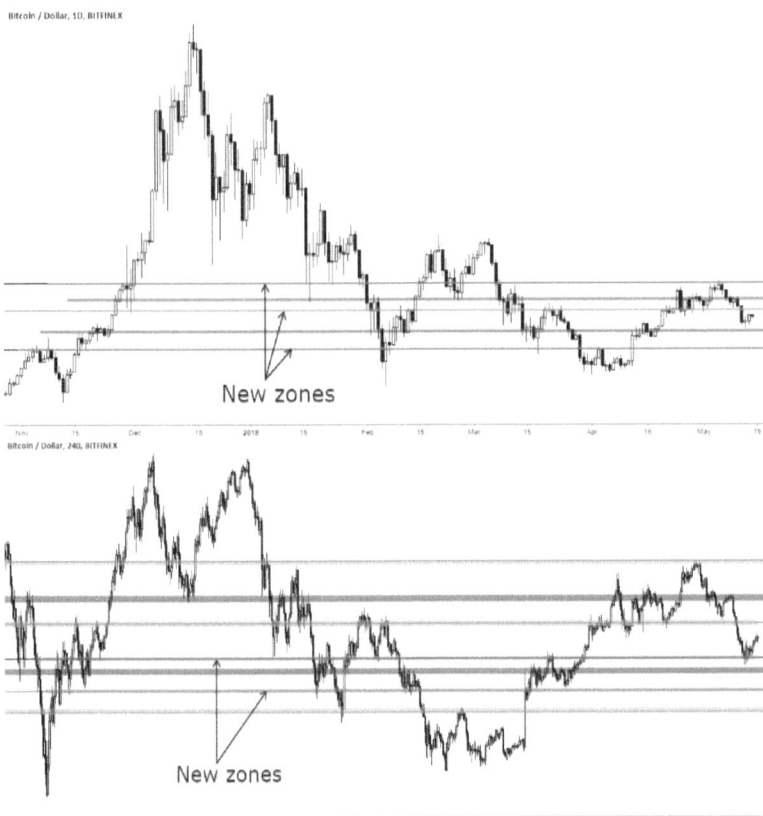

Wie du eventuell erkannt hast ignorieren viele dieser Ebenen die Stiele. Das ist damit begründet, dass der Körper das Hauptargument bietet. Stiele können oft kleine Pumps oder Dumps sein und von kleiner Bedeutung sein. Sie sollten beachtet werden, jedoch nicht mehr als die Körper.
Viele dieser Level sind einfache Linien und keine Zonen wie zuvor erwähnt. Das liegt daran, dass Zonen nur dann gezeichnet werden sollten, wenn die Linien sehr nah beieinander liegen. Genauigkeit ist sehr wichtig bei der TA, wenn du die besten Einstiege und Ausstiege wissen willst.

Wenn es darum geht diese Level zu handeln wird es sehr leicht. Die Preisbewegungen sind zwischen der Support und der Resistance. Dein Job als Trader ist es nun am Support zu kaufen und an der Resistance zu verkaufen, je nachdem wie stark diese ist. Wenn du tägliche Kerzen handelst, kannst du die Resistance der 4-Stunden Zeitspanne ignorieren, da diese deine Gewinne minimieren würde. Du solltest jedoch niemals die größeren Zeitspannen komplett ignorieren, da diese immer bestehen bleiben.

Diese Methodik kann zu großen Erfolgen führen, gerade in Kombination mit anderen Mustern und Werkzeugen. Als nächstes werden wir uns die dazugehörige Alternative ansehen – Trendlinien.

## *Trendlinien*

Das gleiche was wir mit den Horizontals gemacht haben, werden wir nun auch bei den Trendlinien bearbeiten:

- Anzahl der Berührungen = Eine gute Trendlinie hat mindestens 3 Berührungen, jedoch kannst du auch spekulativere mit nur 2 Berührungen zeichnen.

- Verteilung = Die Berührungen sollten sich nicht auf ein Gebiet beschränken, sondern entlang der Trendlinie verlaufen. Sollte es trotzdem passieren, könnte sie ihre Glaubwürdigkeit verlieren.

- Länge = Je länger die Trendlinie ist, mit vielen regelmäßigen Berührungen, desto signifikanter ist der Trend.

- Zeitspanne = Größere Zeitspannen erlauben es wichtigere Trendlinien zu zeichnen, als kleinere Zeiträume.

Trendlinien zu zeichnest du, indem du hohe oder niedrige Punkte des Verlaufes verbindet (je nachdem ob du eine Support oder Resistance Linie zeichnest). Es ist wichtig, dass keine der Linien vom Preis durchbrochen wird, da diese sonst nicht gültig wäre. (Es kann funktionieren, wenn die Trendlinie dafür sehr viele Berührungspunkte hat, jedoch steigt das Risiko.) Beim Zeichnen solltest du dich auf die Stiele konzentrieren, jedoch kannst du durch die ein oder anderen hindurch zeichnen, wenn die Trendlinie prinzipiell legitim ist.

Du kannst dich natürlich ebenfalls auf die Körper konzentrieren, hier gibt es keine in Stein gemeißelte Regel. Wichtig ist, dass die Trendlinie alle aufgezeigten Charakteristika erfüllt. Genau wie bei den Horizontals, können Trendlinien durchbrochen und danach getauscht werden (Support wird Resistance und umgekehrt), daher empfehlen wir diese nicht zu löschen, auch wenn sie durchbrochen wurden.

Identisch zu den Horizontals, sollte der Bruch der Trendlinie den Preis zur nächsten anpassen. In einer normalen TA könntest du nun Horizontals nutzen, um den nächsten Support zu finden, jedoch bleiben wir in diesem Beispiel bei den Trendlinien. Während größeren Bewegungen solltest du deine Vorkehrungen an den Graphen anpassen. Das bedeutet, wenn der Preis schneller wächst als deine Trendlinien es vorhersagen, solltest du neue zeichnen. Der Bruch einer solchen Trendlinie würde deine nächste Support auf dem Niveau deiner vorherigen Resistance festlegen.

Dies zu handeln gibt dir einige Möglichkeiten. Trendlinien werden oft in beliebten Mustern genutzt, die wir hier kurz anschneiden werden.

Trendlinien sind ebenfalls sehr hilfreich dabei Abweichungen zu finden die in den Oszillatoren näher behandelt werden. Es ist wichtig sich immer das größere Ganze anzusehen und zu versuchen mit einem Werkzeug das andere zu bestätigen. Ein guter Weg dies zu vollbringen können Muster sein.

# *Muster*

Wir haben bereits über die Grundregel der TA gesprochen – die Geschichte wiederholt sich. Muster sind die Bestätigung dieser Aussage, da sie oft auftreten und meist dieselben Resultate nach sich ziehen. Jedes Muster hat seine eigene Struktur und ein (meist) feststehendes Ergebnis. Jedoch muss jedes Muster, egal wie offensichtlich es ist, bestätigt werden und ein passendes Volumen aufzeigen (mehr dazu im nächsten Teil des Kapitels). Wenn es nicht bestätigt wird ist das Muster zwar richtig, jedoch ist die Wahrscheinlichkeit das es eintritt geringer.
Muster können die verschiedensten Formen annehmen wie Dreiecke und Keile. Sie können in 3 Kategorien unterteilt werden – Fortsetzung, Zweiseitig (Bilateral) und umgekehrte Muster. Lass uns zunächst über das Letzte sprechen.

## *Umgekehrte Muster (Reversal Patterns)*

Umgekehrte Muster (Englisch: Reversal Patterns) deuten eine Änderung des Trends an, abhängig von der Zeitspanne. Ein Muster mit 1-Stunden-Kerzen, bedeutet nicht den Wechsel des langfristigen Trends, deutet jedoch den Start einer Korrektur an. Wie bei allen Indikatoren, ist die Gewissheit größer, wenn die Zeitspanne zunimmt. Die zwei beliebtesten „Reversal Patterns" sind der „Double Top" (doppelte Spitze) und die „Head and Shoulders" (Kopf und Schultern). Diese Muster funktionieren sowohl vor einem Abwärtstrend, als auch vor einem Aufwärtstrend (wie im Spiegel).

Eine wichtige Regel ist, das Muster ist ungültig bis es bestätigt wurde (im Fall der Head and Shoulder (H&S), muss die Neckline (Nackenlinie) gekreuzt werden). Vor der Bestätigung zu handeln ist riskant und sollte daher von anderen Indikatoren unterstützt werden. Andererseits könnte es sich nur um einen Abpraller handeln, der sehr oft im April 2018 zu sehen war.

Wie bereits erwähnt, folgt jedem Muster ein vorhersehbares Ergebnis. Sehr oft ist das Ziel, die Distanz zwischen dem Start der Neckline und dem höchsten Punkt des Musters.

Das Ergebnis sollte nicht als sicher angesehen werden, da diesem oft eine Support oder Resistance Linie entgegensteht. Daher solltest du auch diese bei deinem Handel in Betracht ziehen.

Hier hast du einen kleinen Spickzettel mit den möglichen Reversal Patterns (es gibt noch mehr, aber diese sind die allgemeinsten). Wir empfehlen dir mehr darüber zu lernen, hierzu listen wir dir Quellen am Ende des Buches auf.

# Reversal Patterns

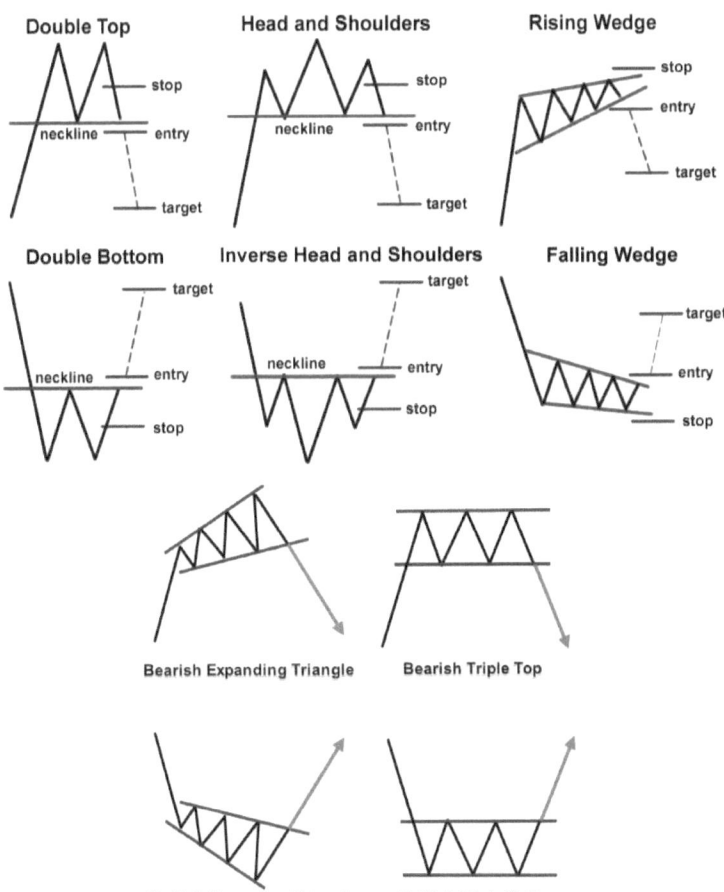

## Head and Shoulders

Dieses Muster entsteht durch zwei Spitzen und einer höheren dazwischen, mit einer Neckline zwischen den Schultern. Diese Linie fällt meist etwas ab. Dieses Muster ist gültig, sobald die Neckline über/unterschritten wird und das Ziel ist die Entfernung zwischen dem Kopf und der Neckline.

## Doppelte Spitze/Boden

Ähnlich wie bei den H&S, jedoch nur mit zwei Spitzen die an derselben Neckline geblockt werden. Auch dieses Muster ist erst gültig, wenn die Neckline durchbrochen wird. Das Ziel ist die Entfernung zwischen der Spitze zu der Neckline. Es gibt auch Variationen dieses Musters mit drei oder mehr Spitzen/Böden, diese sind jedoch wesentlich seltener.

## Keile (Wedges)

Keile können sowohl ein umgekehrtes, als auch ein fortführendes Muster sein – abhängig von ihrem vorherigen Trend (Aufwärtstrend mit steigendem Keil – umgekehrt. Abwärtstrend mit steigendem Keil – fortführend). Das Ziel wird mit der Höhe der Bewegung von dem Punkt des Durchbruchs bestimmt.

Ein steigender Keil (Wedge) – höhere Höhen und höhere Tiefen. Dies ist ein Bärenmuster, doch manchmal kann der Trend aufwärts ausbrechen.

Fallender Keil (Wedge) – niedrigere Höhen und niedrigere Tiefen. Ein Bullenmuster, welches auch als fortführendes Signal gilt.

## *Bilaterale Muster*

Diese Muster sind schwieriger, da sie nicht in eine bestimmte Richtung deuten. In dieser Kategorie listen wir Dreiecke auf, die in beide Richtungen ausbrechen könnten. Wenn wir uns entscheiden, welche Richtung wahrscheinlicher ist, sollten wir den aktuellen Trend und andere Indikatoren miteinbeziehen.

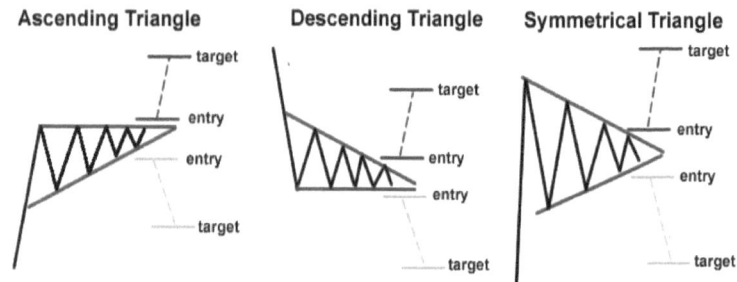

## Dreiecke

Wir können zwischen drei verschiedenen Dreiecken unterscheiden. Sie werden vom „Boden" des Musters bis zur Spitze gemessen. Das Ziel ist genau diese Differenz, ausgehend von dem Punkt, an dem das Muster verlassen wird. Behalte im Hinterkopf, dass der Graph in beide Richtungen ausbrechen kann. Es gibt jedoch Anhaltspunkte um diese zu antizipieren.

Ascending (aufsteigend) Dreieck – höhere Tiefen mit gleichbleibenden Höhen. Dies ist meist eine bullische Struktur, da sich der Kaufdruck vergrößert.

Descending (absteigend) Dreieck – tiefere Höhen mit gleichbleibenden Tiefen. Das Gegenteil des aufsteigenden Musters, ein Bärenmuster, das die mangelnde Kaufbereitschaft unterstreicht.

Symmetrical (symmetrisch) Dreieck – höhere Tiefen und niedrigere Höhen. Dies ist ein weitestgehend neutrales Muster, das Ziel sollte anhand des Trends festgelegt werden.

## *Fortführendes Muster*

Bevor wir mit den normalen fortführenden Mustern weiter machen, wollen wir dir zeigen, dass umgekehrte Muster sich ähnlich verhalten können. Es ist nicht sehr geläufig, sollte das Volumen stimmen, sollten sie doch beachtet werden.

Fortführende Muster sind wie kleine Consolidation-Zonen, die wahrscheinlich den momentanen Trend beibehalten. Genau wie ein umgekehrtes Muster, muss dieses erst bestätigt werden. Wir können diese Kategorie in Pennants (Wimpel), Rectangle (Rechteck) und Wedges (Keile) unterteilen.

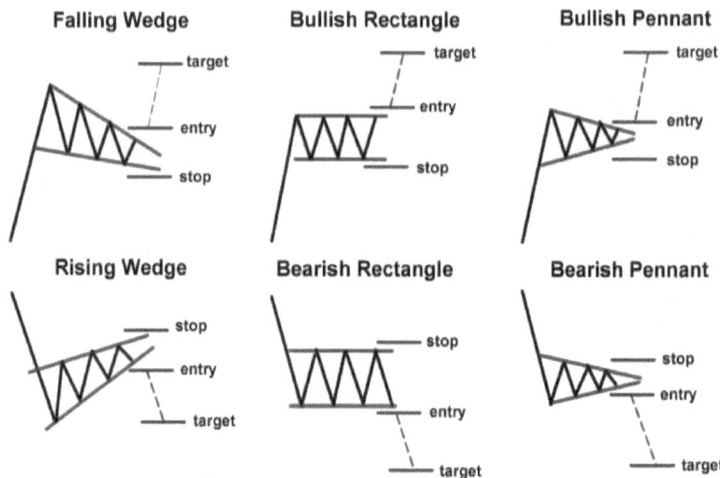

### Pennant (Wimpel)

Pennants haben große Gemeinsamkeiten mit Dreiecken, doch haben sie eine kürzere Dauer und erscheinen meist nach einer starken Bewegung. Das Ziel ist die Differenz zwischen der Spitze und der „Fahnenstange". Diese Bewegungen sollten mit Vorsicht gehandelt werden, da sie meist während starken Anstiegen oder Abfällen vorkommen.

Pennants können auch wie ein angewinkeltes Rechteck aussehen, welches wir dann Flap bezeichnen. Das Ziel wird identisch bestimmt, doch ist die Consolidation-Zone innerhalb zwei paralleler Linien und keinem Dreieck.

## Rectangle (Rechteck)

Rectangle sind Consolidation-Zonen, in denen der Preis zwischen zwei parallelen Linien „gefangen" ist. Der Preis testet sowohl die Support, also auch die Resistance Linie öfter an. Die Richtung des Durchbruchs richtet sich im Normalfall nach der ursprünglichen Richtung/Trend. Das Ziel ist die Höhe des Rechtecks.

# *Volumen*

Das Volumen ist einer der besten Indikatoren. Es ist eine Angabe, wie viel ein Coin gehandelt wurde in einer bestimmten Periode. Desto größer das Volumen eines Coins, desto größer die Liquidität durch diese es einfacher ist einzusteigen oder auszusteigen. Es wird meist dazu verwendet um zu erkennen, ob der aktuelle Preis berechtigt ist und ob Durchbrüche bestätigt werden können. (Wenn ein einzelner Trade zu einem hohen Preis getätigt wurde heißt das nicht, das der Preis nun gestiegen ist.)

Volumen sehen, während eines Aufwärts- und Abwärtstrends, unterschiedlich aus. Sie sagen folgendes aus:
Aufwärtstrend – Volumen nimmt zu, wenn der Preis zunimmt. Volumen nimmt ab, wenn der Preis fällt.
Abwärtstrend – Volumen nimmt zu, wenn der Preis fällt. Volumen nimmt ab, wenn der Preis steigt.

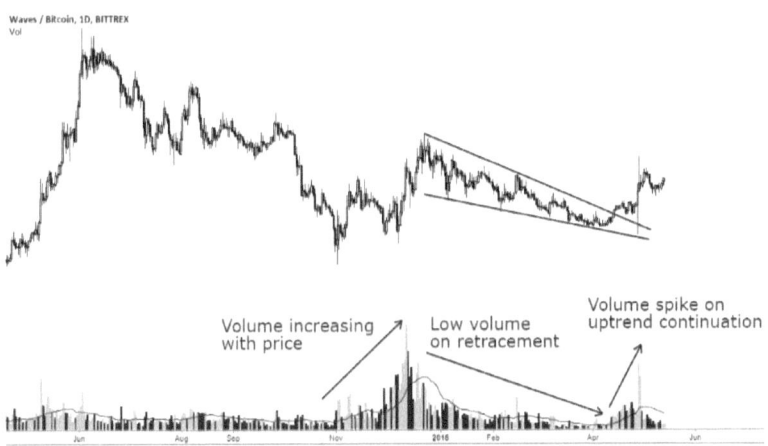

Wenn der Preis, mit einem niedrigeren Volumen als bei den vorherigen Spitzen, neue Höhen erreicht ist dies ein Zeichen für nachlassenden Kaufdruck und einen möglichen Abwärtstrend. Dies sollte wie immer auch von anderen Indikatoren bestätigt werden.

Dies bestätigt eine der Hauptregeln des Volumens – das Volumen geht dem Preis voraus. Ob es nachlassender Kaufdruck bei einem neuem Hoch ist oder steigender Kaufdruck, wenn der Preis stabil ist, das Volumen gibt darüber Aufschluss was zu erwarten ist. Dies sollte genau in Consolidation Zeiten beobachtet werden, um Akkumulationssignale bei kleinen Coins zu sehen. (Manche Coins steigen x3/x5 während sie ein kleines Volumen haben.)

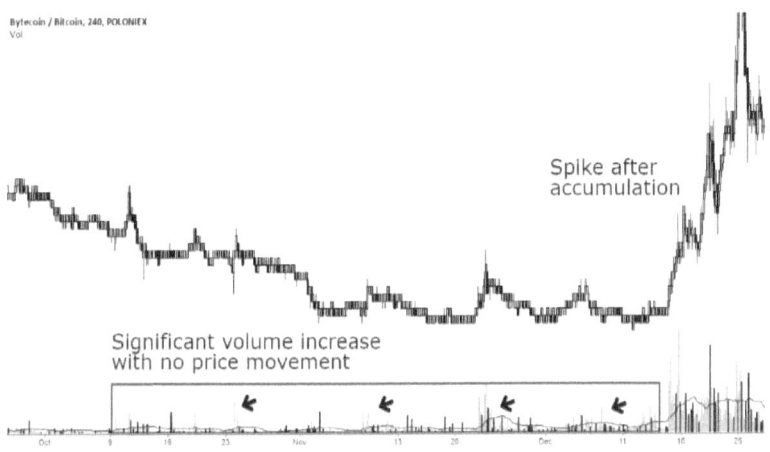

Das Volumen hilft dir auch dabei Muster zu bestätigen. Jedes Muster hat sein eigenes Volumen, das es wahrscheinlicher macht. Bei einem bullischen Pennant deutet dies ein abnehmendes Volumen während der Consolidation an, während bei einem Head & Shoulders Muster das Kaufvolumen bei jeder Spitze abnimmt.

Das Volumen entscheidet auch, ob der Ausbruch aus dem Muster kein Fake-out war. Das heißt, es kommt oft vor, dass der Preis aus dem Muster ausreißt und sich kurz darauf in die entgegengesetzte Richtung bewegt. Auf diese Weise werden Trader oft ausgetrickst, es ist jedoch leicht zu vermeiden, wenn man sich die Volumina ansieht. Wenn das Volumen niedrig ist, ist die Chance hoch ein Fake-out zu erleben. Wenn das Volumen während des Musters hoch ist, sollte das Muster bestätigt sein.

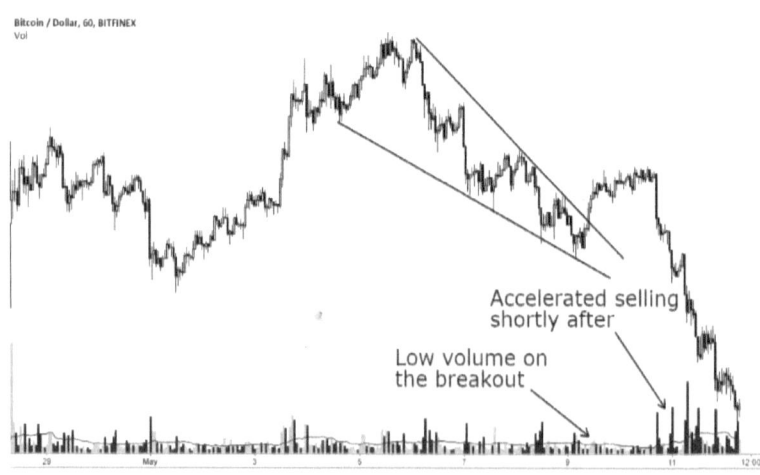

Fake-out ist ein Begriff, der sich nicht nur auf Muster, sondern auf alle Preisbewegungen bezieht, die nicht so verlaufen wie gedacht. Abhängig davon in welche Richtung sich der Preis bewegt, wird dieses Phänomen auch Bullenfalle (Aufwärtsbewegung gefolgt von einem Abfall) oder Bärenfalle (Abwärtsbewegung gefolgt von einem Aufschwung) genannt.

Eine Alternative zu dem normalen Volumen ist das On-Balanced Volumen (OBV) ein Werkzeug, dass die Kaufkraft und die Verkaufskraft misst. Es arbeitet nach denselben Prinzipien, die wir hier bearbeitet haben (steigendes Volumen mit steigendem Preis...).

Das OBV kann dazu benutzt werden Support oder Resistance Linien zu analysieren. Wenn der OBV in einem Aufwärtstrend ist und der Preis ebenfalls, kann es passieren, dass zunächst der OBV und anschließend der Preis fällt. Es ist ein einfaches Werkezeug, das dir oft Signale anzeigt, die schwer zu erkennen wären. Wie immer empfehlen wir dir diese Methode mit anderen zu kombinieren.

*Divergence – eine Situation in der der Preis und der Indikator unterschiedliche Tendenzen verfolgen. Dies zeugt entweder von einer Trendschwächung oder einem starken Momentum.*

*Bullische Divergence – tiefere Tiefen im Preis, höhere Tiefen bei den Indikatoren. Bärentrend wird schwächer.*

*Verstecktes bullische Divergence – höhere Tiefen im Preis, tiefere Tiefen bei den Indikatoren. Bullentrend wird stärker.*
*Bären Divergence – höhere Höhen im Preis, tiefere Höhen bei den Indikatoren. Bullentrend nimmt ab.*

*Versteckte Bären Divergence – tiefere Höhen im Preis, höhere Höhen bei den Indikatoren. Bärentrend wird stärker.*

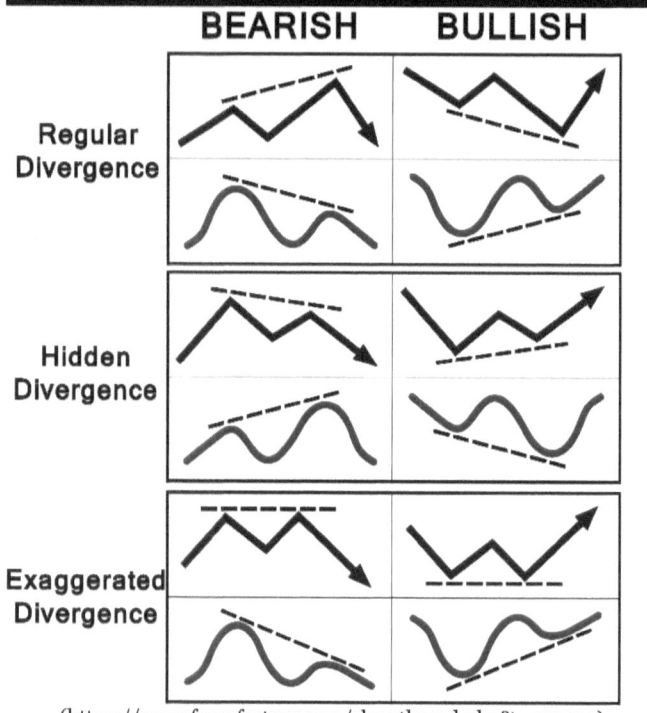

(https://www.forexfactory.com/showthread.php?t=557434)

# *Fractals*

Ein weiteres Beispiel dafür, dass sich die Vergangenheit wiederholt sind Fractals (Fragmente). Fractals sind Muster, die bereits vorkamen und daher wahrscheinlich sind sich zu wiederholen. Gute Beispiele können alle zuvor genannten Muster sein oder Marktzyklen, die wir im nächsten Kapitel erklären werden. Fractals sind kein alleinstehendes Kriterium, sondern sollten stets mit andern Werkzeugen zusammen genutzt werden. Da der Markt sich verändert und mit ihm die Vorrausetzungen, solltest du nicht nur auf die Fractals setzen, sondern sie als Ideenquelle nutzen.
Es hängt sehr stark vom Trader ab, ob Fractals genutzt werden. Desto mehr Indikatoren einen Trend bestätigen, desto wahrscheinlicher ist es, dass sich die Fractals wiederholen. Du kannst jede Analyse hiermit kombinieren, da sie sowohl auf kleine als auch große Coins anwendbar sind.

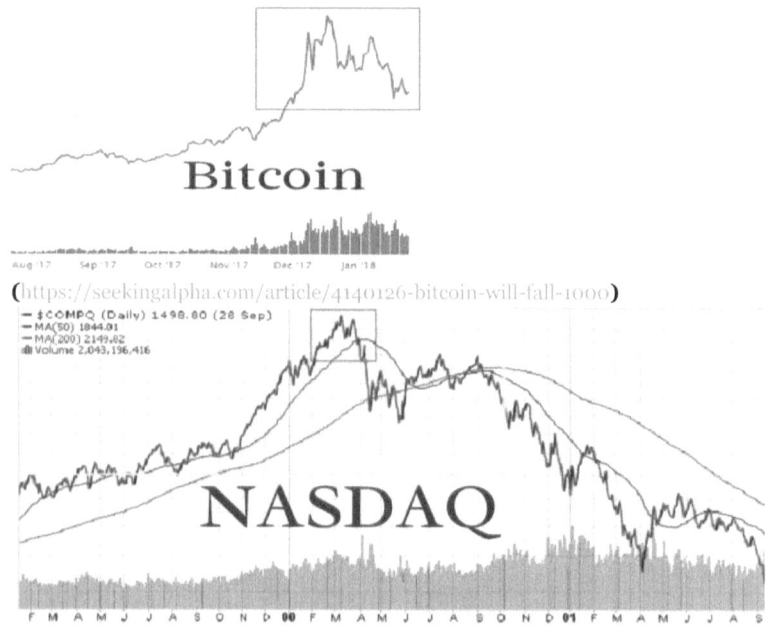

(https://seekingalpha.com/article/4140126-bitcoin-will-fall-1000)

## *Fibs (Fibonacci)*

Wir werden uns nicht mit dem Hintergrund von Fibonacci Verhältnissen befassen, sondern lediglich analysieren, wie wir Trader davon profitieren können. Deine TA Software berechnet diese sowieso für dich. Fibs (so kürzen wir es ab) sind Teil der Hauptwerkzeuge für jeden Trader, da sie genutzt werden, um Einstiegs- und Ausstiegspunkte zu wählen. Bevor wir dir zeigen, wie du Fibonacci Verhältnisse nutzen kannst, müssen wir dir zeigen was „Swing high" und „Swing Low" bedeutet.
Swing High – ein Kerzenstiel mit zwei tieferen Höhen auf der Seite.
Swing Low – ein Kerzenstiel mit zwei höheren Tiefen auf der Seite.

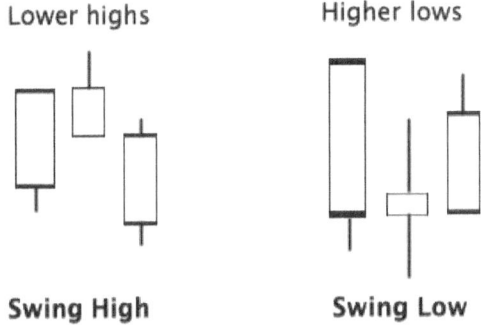

(https://www.forexfactory.com/showthread.php?t=411874)

Fibs zu nutzen basiert darauf zwei Kerzenstiele zu finden, die den Start und das Ende des Trends anzeigen, den wir untersuchen wollen. Wenn es ein Aufwärtstrend ist, fangen wir mit einem Swing Low an und enden mit einem Swing High. Wenn es ein Abwärtstrend ist, fangen wir mit einem Swing High an und enden mit einem Swing Low. Normalerweise empfiehlt sich die Kerzenstiele zu wählen, außer sie nicht sehr lang (eventuell durch einen Pump & Dump) – du kannst natürlich auch die Körper nehmen. Es gibt keine Regeln, welche Trends du nehmen solltest, das macht es so beliebt. Das einzige was wir empfehlen würden ist, dass die Messung vom Boden startet und an der Spitze endet.

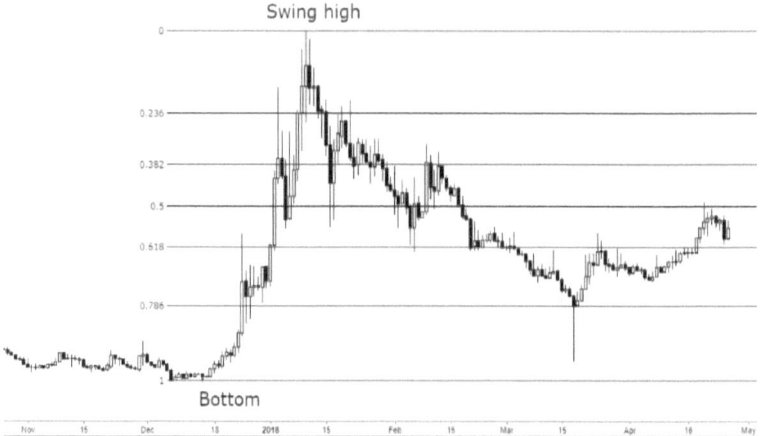

Wenn wir einen Support/Resistance finden wollen, würden wir die Fibonacci „Retracement Level" nutzen und wenn wir die besten Gewinnmitnahmezonen ermitteln wollen, sollten wir Fibonacci „Extensions" wählen. Wir werden uns beides einmal ansehen.

## Einen Support finden

Eine Supportlinie zu finden ist ähnlich wie eine Resistance Linie zu finden, der Unterschied ist mit dem Swing Low zu beginnen, statt dem Swing High. Wir müssen diese also vom Swing Low bis zum Swing High zeichnen, dies sollte uns einige Abprallpunkte zeigen.

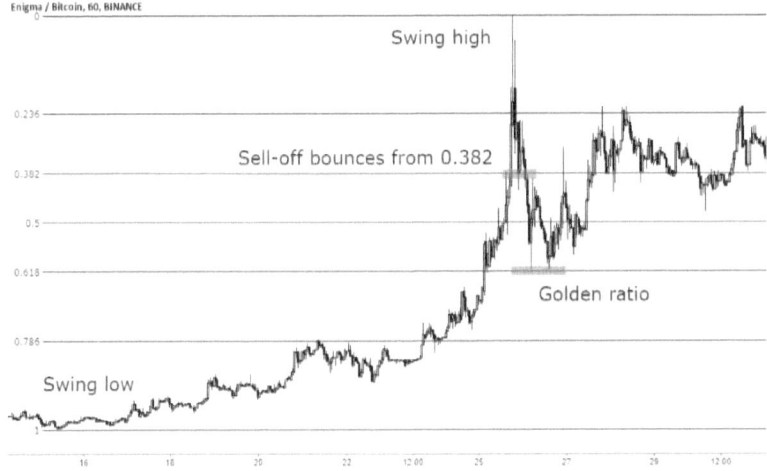

Fibs alleine sind weniger hilfreich, sie werden als Unterstützung genutzt. Du solltest nicht auf einen Abpraller setzen nur weil dort ein Fibonacci Level ist – du solltest sie mit horizontalen und diagonalen Supports verbinden.

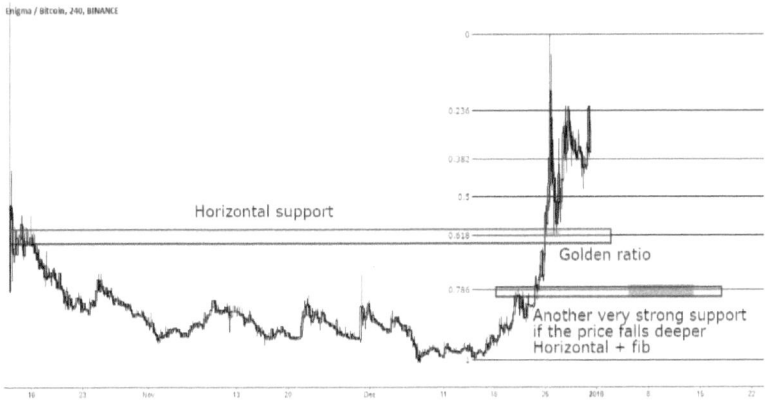

In der Theorie liegt das wichtigste Level bei 0,618, dies ist das „Goldene Verhältnis", der Fibonacci Theorie. Nach einer großen Bewegung sind die Rückläufer tiefer, daher solltest du dir diese Stelle genauer ansehen.

Eine Resistance finden
Die gleichen Regeln, die oben gelten, gelten auch hier. Mit einem Unterschied, du zeichnest von der Spitze nach unten – Fibs können auch genutzt werden um Resistance Zonen zu finden.

Auch hier solltest du nicht ausschließlich auf die Fibs setzen, sondern die Resistance Linien finden, die sich mit anderen überschneiden.

## Gewinnmitnahmezonen finden

In vielen Fällen ist es schwer zu beurteilen, welches Ziel der Trader festlegen sollte, wenn der Coin entweder keine Preishistorie hat oder ein neues ATH ansteuert. Dies ist der Moment, an dem wir dir empfehlen Fibonacci Extensions zu nutzen, welche Verkaufsmöglichkeiten aufzeigen, bei denen keine weiteren Resistance Linien im Weg sind.

Wir zeichnen die Fibonacci Extensions genauso, wie wir Resistance Zonen suchen würden. Wir starten mit dem Swing High und enden beim Swing Low. Auf diesem Weg erscheinen weitere Zonen über dem Level 1,0. Genau wie die 0,618 bei Rückläufen, ist das Level bei 1,618 für Extensions die stärkste Zone.

Fibs können und sollten auf verschiedenen Zeiträumen genutzt werden. (4-Stunden-Kerzen, 1-Tages-Kerzen...) Desto größer die Zeitspanne, desto genauer die Bedeutung.

# _Ichimoku Cloud_

Dies ist ein sehr komplexes Thema, das höchstwahrscheinlich den Anfängerstatus dieses Buches übersteigt, daher werden wir nur die Basisschritte erklären. Wenn du nicht genau nachvollziehen kannst, wie dieser Indikator funktioniert, ist dies nicht weiter schlimm, da viele erfahrene Trader dieses Werkzeug ebenfalls nicht nutzen können. Bevor wir anfangen solltest du wissen, dass Ichimoku in der Kryptowelt anders genutzt wird, da der Markt nie schließt. Daher nutzen wir, statt der Standardeinstellungen, 20/60/120/30.

Wenn du im Krypto Markt dieses Handwerk nutzen willst solltest du die Cloud dementsprechend anpassen. Desweitern funktioniert Ichimoku am besten bei Coins mit einer langen Historie. Wenn es keine gibt, kannst du die Standardwerte 10/30/60/30 nutzen.

Die Cloud sollte genutzt werden, wenn der Trend sichtbar ist, um Einstiegs- bzw. Ausstiegschancen zu erkennen. Es funktioniert nicht während Horizontalbewegungen und einer Consolidation, da die Indikatoren oftmals falsche Signale geben könnten. Es gibt einige aus denen Ichimoku besteht.

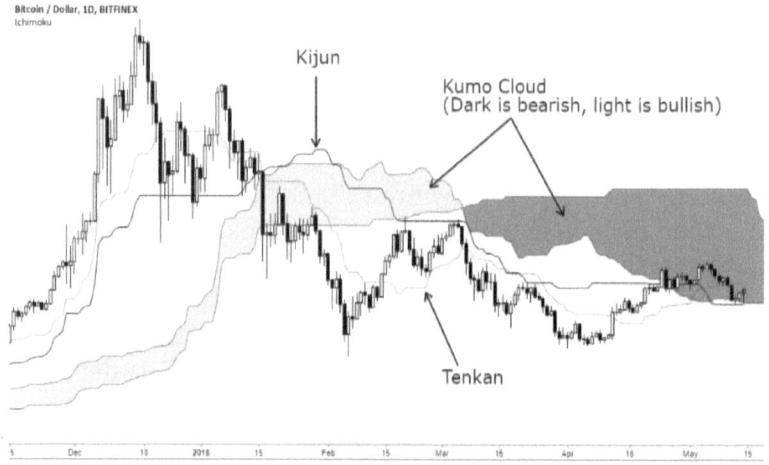

Wir fokussieren uns auf „Kijun" und „Kumo", um die besten Punkte zu finden. Bedenke, dass die Ichimoku Cloud noch sehr viel mehr kann, was wir dir in diesem Umfang nicht zeigen können.

TK Kreuz
Das TK Kreuz erscheint, wenn Tenkan Kreuze entweder unter (Bär) oder über Kijun (Bulle) erscheinen. Abhängig von der Position des Kreuzes, in Abhängigkeit von dem Kumo, gibt dies Signale für Trader. Wenn wir erwägen eine Long oder Short Position beim Bitcoin einzunehmen, würden wir dies folgender Maßen interpretieren.

- Bullisches Kreuz über der Cloud – sehr starkes Kaufsignal. Long.
- Bären Kreuz über der Cloud – schwacher Trend. Noch kein Short Signal, aber ein guter Zeitpunkt seine Long Positionen zu verkaufen.
- Bullisches Kreuz unter der Cloud – ähnlich zum Vorgänger, kein Long Signal, aber ein guter Zeitpunkt seine Short Positionen zu verkaufen.
- Bären Kreuz unter der Cloud – starkes Bärensignal, der Trend wird stärker. Short.

## Kumo & Kijun Support und Resistance

Sowohl die Kumo als auch die Kijun Cloud können für die Support und Resistance Zonen genutzt werden. Bei Kumo sind beide Zonen Grenzen, nicht nur die nahe des Preises. Wenn der Preis die Cloud durchbricht, ist es ein Bullisches Signal, andersrum ist es ein Bärensignal, wenn der Kumo nicht den Support hält.

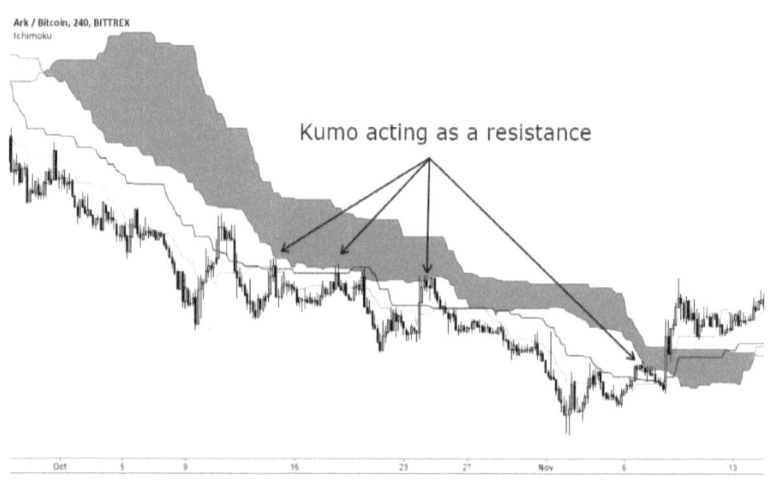

Kijun kann als allgemeiner Trend angesehen werden. Bei einem starken Aufwärtstrend auf dem Kijun zu kaufen, ist gleichbedeutend mit dem kaufen eines horizontalen Supports. Wenn der Trend sich beschleunigt, tendiert der Kijun dazu vom Preis abzudriften, was ein Signal für einen Rückschritt sein kann.

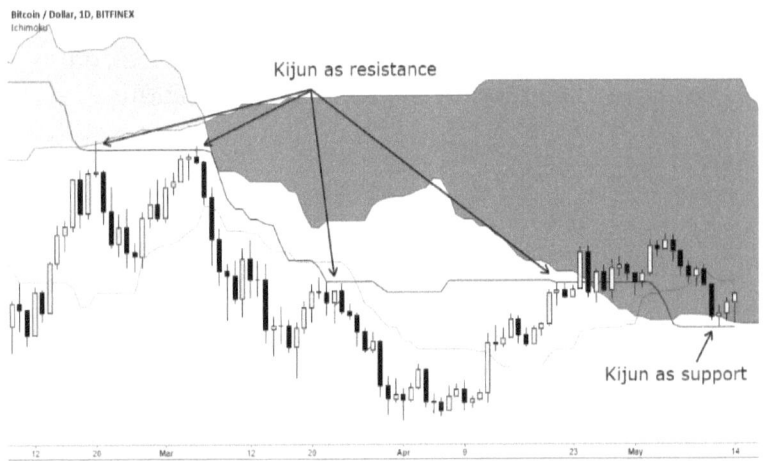

Da Kijun als Trendlinie fungiert, ist das Preiskreuz ober- oder unterhalb ein starkes Signal. Wie bei fast allen Indikatoren ist ein größerer Zeitraum immer besser.

## Grenze zu Grenze Trade

Wenn der Preis die Kumo Cloud betritt und die Kerze sich innerhalb dieser schließt, tendiert es sehr oft dazu die andere Grenze zu testen. Das Kaufsignal wäre beim Schließen der Kerze und am Anfang der Cloud. Desto größer es ist, desto größer der potenzielle Gewinn. Nicht immer geht der Preis sofort durch die Mitte des Kumos und gelangt auf die gegenüberliegende Seite, da es oft Bewegung innerhalb der Cloud erfordert. Dies verändert jedoch nicht das Ziel, diese Trades haben ein gutes Risiko/Belohnungsverhältnis.

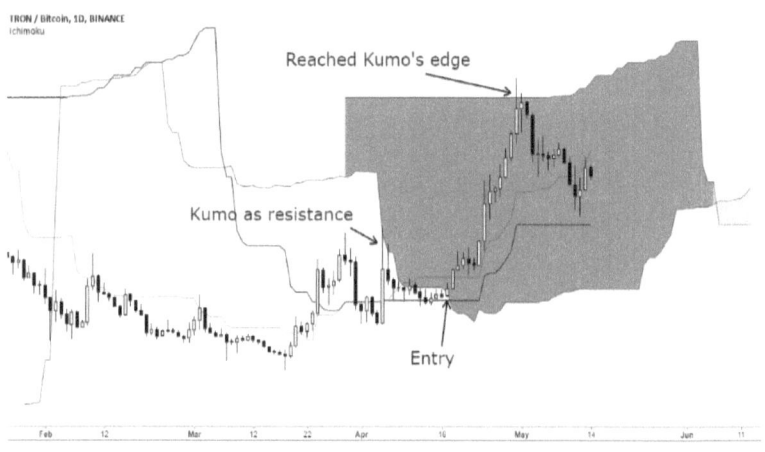

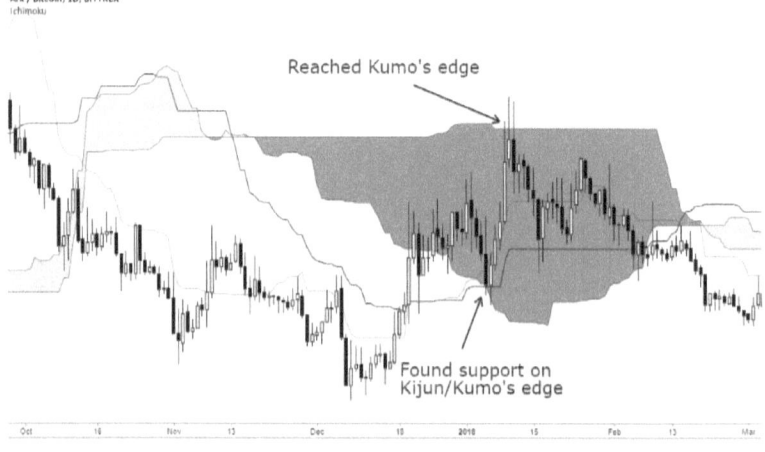

## Kumo Twist

Senkou Spans (Kumo Grenze in anderen Worten) kann den Tradern einige Signale geben. Die Einfachste hiervon ist die Farbe der Cloud bevor wir eine Position auswählen. Die Drehung kann deine Entscheidung einen Coin zu kaufen entweder unterstützen oder ablehnen – wenn sie sich rot färbt, deutet es einen Negativtrend an, also verkaufen. Das Gegenteil trifft ebenfalls zu, wenn sie sich die Wolke grün färbt. Bedenke, dass dies wie immer nicht dein einziger Entscheidungsfaktor sein sollte.

## TK Ungleichgewicht

Die Ichimoku Cloud kann, dank der Tenkan und Kijun Linien, auch als Oszillator genutzt werden. Da Ichimoku das Gleichgewicht bevorzugt, kann die Differenz zwischen den beiden Linien als ein überkauft oder überverkauft Signal gedeutet werden, wie ein RSI Indikator. Wenn der Preis sich zu schnell steigert, erweitert sich die Differenz der beiden, was dem Trader zeigt, dass eine Korrektur kommen könnte.

# Bewegende Durchschnitte (MA)

Exponential Moving Average ist ein Werkzeug, dass dir hilft momentane Trends aufzudecken und zu bestätigen. Während der Preis sehr volatil sein kann, passt dieses Werkzeug die Ausschläge an und präsentiert diese in einer einfachen Linie.

Es gibt viele MAs die du nutzen kannst (SMA, WMA, EMA). Sie unterscheiden sich darin, wie viele Tage sie einbeziehen (50-100-200). Wir nehmen EMAs, da diese Länge besser ist für volatile Märkte und wir das handeln nach Mid-Term/Long-Term Trends bevorzugen. Für kürzere Perioden kannst du auch 10 oder 20 Tage Durchschnitte wählen.

Ein Preis, der unter der MA Linie liegt, wird als Abwärtstrend bezeichnet und oberhalb als Aufwärtstrend. Sie fungiert außerdem als Support/Resistance Linie, doch sei vorsichtig, wenn du Käufe nur basierend auf diesem Indikator triffst. Der Moving Average (bewegende Durchschnitt) ist ein hinterher hängender Indikator, das heißt er kann den Trend aufgrund der Vergangenheit bestätigen, nicht die Zukunft vorhersagen. Um EMA als Support/Resistance anzunehmen (Short-Term), sollte diese mehrfach an getestet werden. Dieser Indikator sollte primär als Signal zum Kaufen/Verkaufen genutzt werden nicht als genauer Zeitpunkt.

Ein Long-Term Zeitraum ist für den EMA besser geeignet, besonders, wenn du Kreuze hinzufügst. Wenn du 2 EMAs hast kreuzen diese sich häufig, wie Tenkan und Kijun. Wenn ein schneller Durchschnitt einen langsamen Durchschnitt kreuzt ist dies ein bullisches Zeichen.

Die zwei Hauptdurchschnitte, die einen Richtungswechsel des Trends vorhersagen sind 50-Tage und 200-Tage EMAs. Wenn der 50er unter den 200 kreuzt, haben wir ein „Todeskreuz", ein Abwärtstrend startet. Wenn der 50er den 200 nach oben hin kreuzt haben wir ein „Goldenes Kreuz", einen Aufwärtstrend.

Wann immer sich eine Kreuzung von zwei Durchschnitten ereignet, ist es meist zu spät einzusteigen, da dieser Indikator hinterher hängt. Um vor dem Kreuz zu bleiben, empfehlen wir dir andere Indikatoren zu nutzen. Wie bei jedem anderem Trade, eile nicht voreilig in einen Handel aus Angst etwas zu verpassen.

## *Oscillators (Oszillatoren)*

Oszillatoren sind extrem hilfreich, da sie Rückgänge vorhersagen können und die Marktkonditionen analysieren. Es sind Werkzeuge, die dir zeigen, ob ein Coin überkauft oder überverkauft ist.

Überkauft – Käufer sind verausgabt. Der Preis hat einen langen Aufstieg ohne Korrektur hinter sich. Die Nachfrage ist vollends gesättigt. (RSI über 70

Überverkauft – Verkäufer sind verausgabt. Der Preis ist rapide gefallen und ein Abpraller wird erwartet. (RSI unter 30)

Wir werden uns auf 3 Oszillatoren beschränken – RSI, stochastischer RSI und MACD. Alle haben ähnliche Eigenschaften, doch kann man ganz unterschiedlich von ihnen profitieren.

RSI
Der RSI – Relative Strength Index – wird dazu genutzt die Geschwindigkeit und die Wechsel des Preises zu messen. Der RSI ist ab einem Wert von 70 überkauft und unter 30 überverkauft. Es ist empfehlenswert, während eines Bärenmarktes die untere Grenze auf 20 herabzusetzen. Bei einem Bullenmarkt sollte die obere Grenze auf 80 heraufgesetzt werden. (Dies ist kein Muss nur eine Empfehlung.) Der RSI kann uns einige Hinweise geben.

- Preis kreuzt die 30er Grenze – mögliches Kaufsignal und Start eines Aufwärtstrends. Eine gute Gelegenheit deine Short Positionen zu schließen.

- Preis unterschreitet die 70er Grenze – mögliches Verkaufssignal und Start eines Abwärtstrends. Eine gute Gelegenheit deine Long Positionen zu schließen.

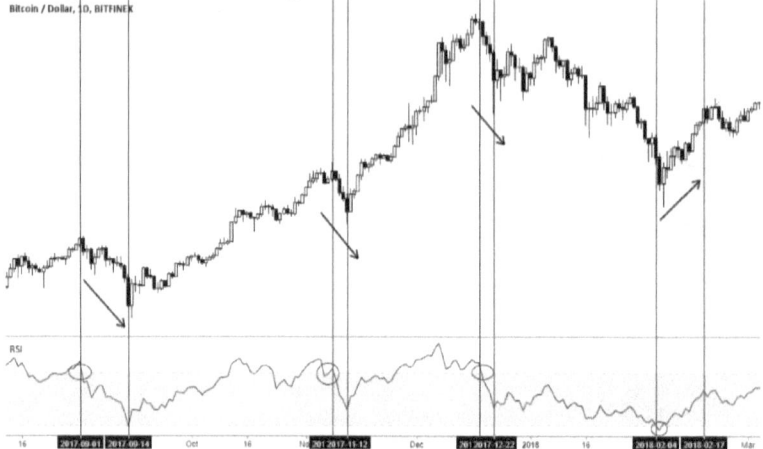

RSI kann, wie der OBV, mit normalen Trendlinien analysiert werden. Die Regeln sind die Gleichen, wenn der RSI die Trendlinie bricht, können wir einen Trendwechsel erwarten. Das Level in der Mitte (50) sollte genau beobachtet werden. Dieses Level arbeitet oft als Resistance oder Support, daher kannst du hier ableiten wie stark der Trend ist. (Ob die 50 leicht überschritten werden oder gar nicht.)

Der effektivste RSI liegt in der zuvor erwähnten Abweichung. Sie werden genutzt um versteckte Signale zu erkennen. Wir werden uns nun einige Beispiele hierzu anschauen.

## Stochastischer RSI

Der StochRSI ist ein sehr einfacher Indikator, der dazu genutzt wird das Ende eines Trends vorherzusagen. Die klassischen Einstellungen des StochRSI liegt zwischen 20 und 80, dieser zeigt an ob der Artikel überkauft oder überverkauft ist. Wenn einer dieser Wert über- bzw. unterschritten wird, ist dies ein Zeichen für einen Trendwechsel. Während eines Bullen-/Bärenmarktes können diese Werte jedoch für sehr lange Zeit irrational bleiben. Daher solltest du dich nicht ausschließlich auf diesen Indikator verlassen.

Abweichungen kommen auch hier vor und sollten wie beim klassischen RSI behandelt werden. Diese sind jedoch sehr selten, da dieser Indikator seine Grenzen sehr oft erreicht.

Der StochRSI sollte nicht als alleiniger Handelsgrund gesehen werden. Nutze dieses Werkzeug um Indizien von anderen Indikatoren zu bestätigen.

## MACD

Das MACD besteht aus einem Histogramm (eine Darstellung der Häufigkeitsverteilung) und zwei bewegenden Durchschnitten (MAs) (hier sind es 12 & 26 Tage). Die Signale können entweder von Kreuzungen oder Abweichung abgelesen werden und die Resultate ähneln sehr dem RSI. Ein Kauf/Verkaufssignal ist vorhanden, wenn sich die zwei Linien kreuzen, wie bei EMAs. Zu analysieren, ob der Artikel überkauft oder überverkauft ist funktioniert genau wie bei StochRSI.

Das interessante am MACD ist Abweichungen mit dem Histogramm zu analysieren. Bei MAs funktioniert es genauso wie bei OBV und RSI.

Das Histogramm bringt zusätzliches Wissen, da es zeigen kann ob sich der Trend verstärkt oder verschlechtert. Dieser Indikator, der aus senkrechten Säulen besteht, zeigt die Unterschiede der MAs auf. Das Histogramm kann über oder unter 0 fallen, dies zeigt an, ob sich der Unterschied zwischen den MAs vergrößert oder verkleinert. Wenn der Wert unter 0 liegt und sich der Linie annähert, bedeutet dies, dass der Trend nachlässt (umgekehrt, dass der Trend zunimmt). Die Linie bei 0 kann als Kauf-/Verkaufssignal genutzt werden.

# *Bollinger Bands*

Bollinger Bands gehören zu unseren Lieblingswerkzeugen, um die kommende Volatilität zu bestimmen. Dieser Indikator besteht aus einem bewegenden Durchschnitt (MA) und zwei „trading bands" außerhalb, die die vergangene Preisbewegung mit einbeziehen. Bollinger Bands sind kein alleinstehendes System und müssen (wie immer) mit anderen Indikatoren zusammen benutzt werden.

Es gibt zwei Möglichkeiten Bollinger Bands zu handeln – nutze die Bands (die äußeren Linien) als Resistance/Support oder bereite dich auf den Trendwechsel vor.
Die Mehrheit der Preisbewegung findet zwischen den Bands statt. Der MA in der Mitte agiert oftmals als kleiner Support/Resistance, während die äußeren Bands ein Zeichen für überkauft oder überverkauft sind.

*Wenn wir am tieferen Band kaufen, ist das erste Preisziel der EMA in der Mitte und wenn dieser überschritten wird, wird das Preisziel das obere Band. Das gleiche funktioniert auch umgekehrt.*

Jeder Preisausbruch außerhalb der Bänder ist eine große Bewegung, die die Bänder dazu bringt sich auszudehnen. Wenn die Kerzen außerhalb der Bänder schließen oder sogar oberhalb eröffnen, ist es ein Signal für eine gesteigerte Preisbewegung, verbunden mit einem nahenden Preiseinbruch.

Bollinger Bands sind kein alleinstehendes System, da die Bands keinen Aufschluss darüber geben in welche Richtung sich der Preis bewegen wird. Du kannst die Bands enger legen, um nahende Preisbewegungen besser zu erkennen, jedoch sollte dies durch andere Indikatoren bestätigt werden. Bei großen Zeiträumen kannst du so Durchbrüche und Preisanstiege antizipieren. Dies passiert oft nach einer Consolidation Zone, wenn der Coin kurz davor ist einen Aufwärtstrend einzuläuten.

Die Standardeinstellung für die Bollinger Bands ist 20, da der Krypto Markt jedoch nie schließt, macht es Sinn diese auf 30 anzuheben. Auf diese Weise werden mehr Daten verarbeitet und das Werkzeug ist genauer. Experimentiere mit beiden und schaue was für dich besser ist.

# *Order Book*

Das Order Book ist eine Liste mit allen Bids (Buy Order) und Asks (Sell Order). Es zeigt wie stark der Kauf- oder Verkaufsdruck auf dem Markt ist. Dies ermöglicht es Short-Term Entwicklungen vorauszusagen.

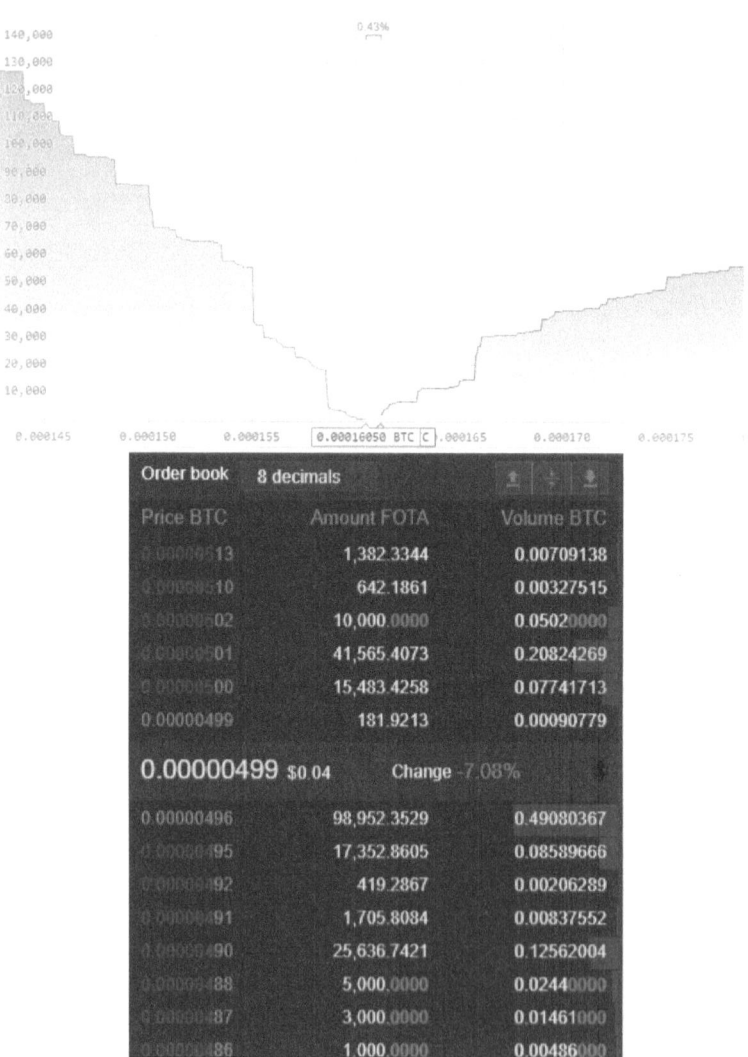

Es gibt jedoch ein Problem mit Order Books, da der Krypto Markt manipuliert werden kann. Wir werden dir im nächsten Kapitel zeigen, wie Manipulationen entstehen. Deshalb ist das Order Book nicht als alleinstehender Indikator geeignet. Es gibt jedoch einen Weg das Order Book zu deinen Gunsten zu nutzen.

Wenn wir möglichst bald unsere Position verkaufen wollen (oder eine kaufen), müssen wir uns die Struktur des Order Books und das Volumen anschauen. Neben der TA und potenziellen Support und Resistance Linien, sollten wir uns die größten Order ansehen und evaluieren, ob diese übergangen werden können oder nicht.

Sollten wir zu dem Entschluss kommen, dass es nicht möglich ist zu unserer gewünschten Position zu kommen, da das Order Book zu groß ist, müssen wir das Ziel anpassen. Auf diesem Weg haben wir zwar nicht den optimalen Kauf-/Verkaufswert, doch haben wir eine höhere Chance, dass der Trade ausgeführt wird.

*Wenn du einen Coin hast der 20 BTC Tagesvolumen hat, wird er wahrscheinlich nicht durch Asks (oder Bids) in Höhe von 4 oder 5 BTC gehen. Wenn wir schnell verkaufen wollen, würden wir unser Ask direkt vor den großen Ordern platzieren.*

## *TA Tipps*

- Verkaufe/Kaufe niemals aufgrund von Panik. Selbst wenn du nicht an der Spitze verkaufen konntest oder am Boden kaufen, warte auf deine nächste Chance. Jede starke Bewegung hat einen „Rückschlag".

- Handle nach den Vorgaben des Graphen, nicht nach Vermutungen. Es ist sehr einfach bullische Bewegungen hineinzuinterpretieren, wenn wir ein Projekt sehr mögen. Versuche die Graphen immer rational zu analysieren, „verliebe" dich nicht in deine Werte.

- Wenn du einen guten Einstieg verpasst, verfalle nicht der FOMO. Der Markt bietet unendlich viele Möglichkeiten, daher wird es immer eine Alternative geben.

- Versuche von anderen Händlern zu lernen, folge ihnen jedoch nicht blind. Inspiration ist gut, doch verlasse dich in erster Linie auf deine Eigenschaften.

- Versuche anfangs größere Zeitspannen zu handeln (1 Tag oder 1 Woche). Diese Trends sind zuverlässiger und weniger riskant.

- Nutze eine einfache TA, desto weniger Indikatoren du nutzt, desto schneller wirst du lernen. Du benötigst in keiner Situation alle Indikatoren. Die Werkzeuge sollten dich unterstützen, doch dies ist kein muss.

- Lass dich nicht entmutigen. Jeder Trader verliert ab und zu, es ist wichtig an deiner Strategie festzuhalten und sie anzupassen während du lernst. Wenn du nicht an deine eigenen Graphen glaubst, wirst du auf lange Sicht nicht maximal erfolgreich sein.

Am Ende dieses Kapitels werden wir nochmals einige To-Dos aufführen, die du bei deiner TA berücksichtigen solltest. Die folgenden Seiten kannst du als Spickzettel nutzen.

Suche dein Handelspaar und die Zeitspanne
Suche das Handelspaar mit dem größten Handelsvolumen und wähle deinen Zeitraum (wir empfehlen zuerst die Tagesgraphen zu analysieren und danach die Ansicht zu verkleinern, da dies dir den aktuellen Trend anzeigt). Schaue welche Börse das größte Handelsvolumen zu Verfügung stellt.

Zeichne Support- und Resistance-Linien
Finde die Support und Resistance Zonen und finde heraus an welcher Stelle sich der Preis im Trend befindet.

Analysiere Muster und Volumen
Überprüfe, ob bekannte Muster vorhanden sind, die dir eine Tendenz vorhersagen. Analysiere diesbezüglich ebenfalls das Volumen um die Glaubwürdigkeit zu bestätigen.

Suche nach weiteren Signalen
Suche mit Hilfe von weiteren Indikatoren nach weiteren Signalen, die deine Handelsideen unterstützen. Suche Abweichungen, BBands oder EMA Kreuze. Entscheide, ob die existierenden Signale stark genug sind, um sie zu handeln.

Setze deine Order
Kaufe nie das Marktniveau, sondern setze BUY und SELL Order an der Resistance / Support Linie / Grenze deiner Wahl. Wenn diese nicht erfüllt werden, suche weitere Entscheidungsmöglichkeiten. Beim setzen deiner Order solltest du nicht vergessen „Stop-loss" Order zu setzen, welche wir im nächsten Kapitel erklären.

An diesem Punkt solltest du in der Lage sein, Projekte aufgrund ihres Short-Term und Long-Term Potenzials zu analysieren. Nun ist es Zeit sich zu fragen wie du dieses Wissen optimal in deine Investments einbringen kannst.

# _Investment Strategien_

Was wären deine Eigenschaften in FA und TA wert, wenn du nicht wissen würdest wie du dein Kapital investieren solltest und deine Coins verwalten kannst? Ohne eine gute Handelsstrategie wären sie nahezu nutzlos.

Ein guter „Exit" ist nicht nur eine Sell Order nahe des Widerstandes zu setzen, sondern ebenfalls was mit den Profiten gemacht wird. Auch solltest du wissen, wie du reagieren solltest, wenn der nächste Trade schief geht. In diesem Kapitel werden wir dir zeigen, wie die Marktzyklen funktionieren, der beste Einstieg gefunden wird und du ein gut diversifiziertes Portfolio erstellst.

Eine kleine Anmerkung bevor wir beginnen, jeder Trader hat seine eigene Strategie, ob Risikobereitschaft oder Anforderungen. Die in diesem Kapitel aufgezeigten Methoden funktionieren für uns und unsere befreundeten Trader gut. Diese helfen uns dabei profitabel in diesen volatilen Märkten zu wirtschaften. Natürlich musst du für dich selbst entscheiden, ob die vorgeschlagenen Strategien auch für dich funktionieren.

*Wir können dir sagen, dass wir keinen Trader kennen, der nicht schonmal Rückschläge erfahren hat, bevor er seinen Weg gefunden hat. Du kannst am Anfang erfolgreich sein, doch dann Probleme haben deine Profite zu verwalten.*

# *Allgemeinwissen*

## *Marktzyklen*

Es gibt zwei Dinge, die in dem Krypto Markt sicher sind, die Vitalität und die Tatsache, dass du die folgende Abbildung millionenfach auf Twitter findest.

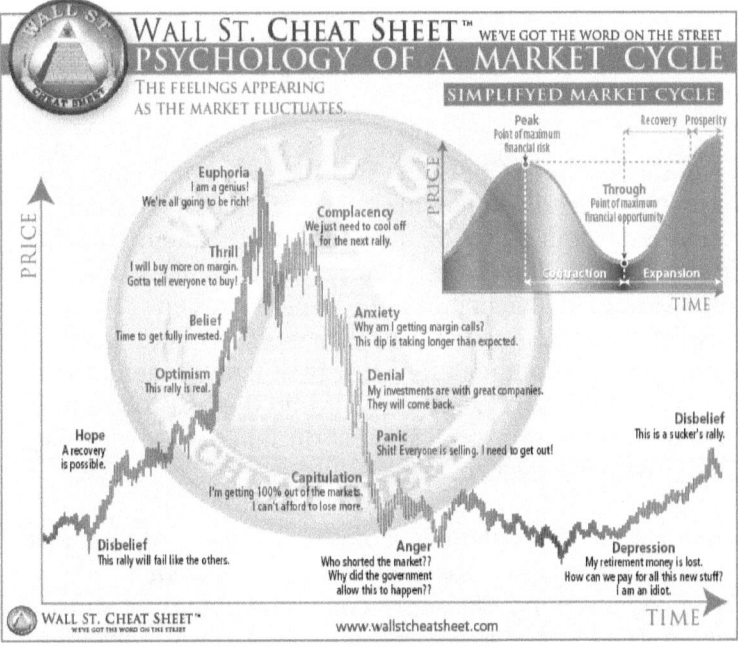

(http://kazonomics.com/the-truth-of-btc-episode-3-the-invisible-hand-of-belarus/)

Diese Abbildung zeigt dir den klassischen Verlauf eines Marktes. Es ist eine Repräsentation eines Lebenszyklus von einem Coin und den verbundenen Emotionen beim durchlaufen dieses Prozesses. Der Grund für die Beliebtheit dieser Abbildung, liegt in der immensen Volatilität des Marktes.

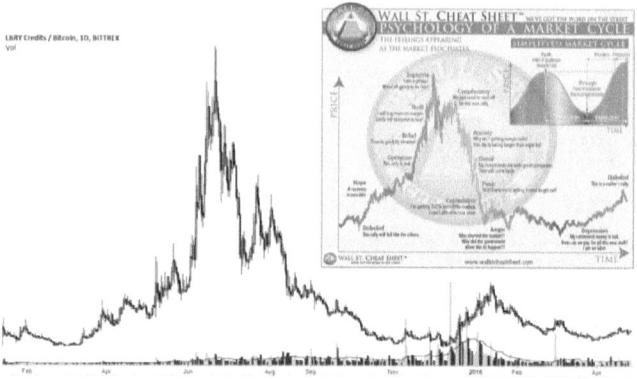

Wenn du durch die Coins der Top 100 gehst und eine Geschichte hast die länger als 2017 zurückgeht wirst du mindestens 2 oder 3 sehen die genauso aussehen. Manche kleiner, manche mit einer längeren Akkumulation, aber immer mit dem gleichen Muster. Einem starken Aufwärtstrend folgt meist eine „Blow-off top" mit einer „complacency shoulder" die dann zu einem wochenlangen Abwärtstrend führt. Wenn du während dieses Prozesses die Twitter Reaktionen verfolgst wirst du sehen, dass diese sich mit der Graphik decken.

*Um nochmals Bitcoin als Beispiel zu nehme: während des Aufwärtstrends über 20k $ Ende 2017, tauchten Preisprognosen auf, die sagten der Bitcoin würde bis 100k steigen. Die Euphorie war riesig, sodass wir Nachrichten erhielten, in denen uns Leute fragten, wie sie Bitcoin kaufen können. Das gleiche passierte auf dem Weg nach unten – nun verkündeten die Leute sich aus Kryptowährungen zurückzuziehen, als der Marktzyklus endete. Unnötig zu erwähnen, dass sich schon bald der Markt erholte.*

Natürlich handelt es sich hier lediglich um ein Modell, was nicht immer zu 100 eintrifft. Da diese Abbildung weit vor den Kryptowährungen erfunden wurde und der Markt wesentlich dynamischer geworden ist, scherzen viele Leute der Markt solle folgendermaßen wiedergegeben werden.

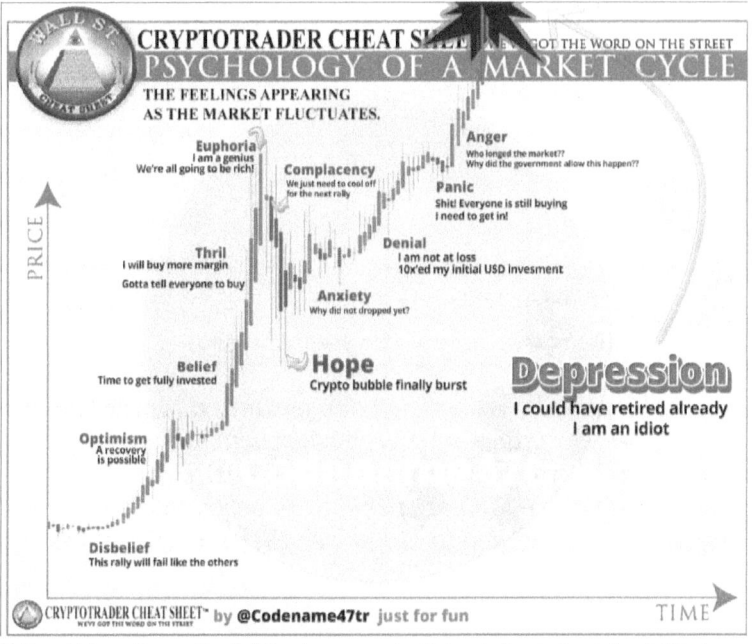

(https://steemit.com/trade/@codename47/wallstreet-cheat-sheet-fixed-this-is-cryptotrader-s-cheat-sheet)

Auch wenn dies während eines Bullmarktes durchaus zutreffen kann, so kann es nicht ausschließlich hoch gehen. Egal wie stark die Grundlagen sein mögen oder wie sehr du von TA und anderen Entscheidungstools überzeugt bist, solltest du nie davon ausgehen, dass dein Coin nicht dem Marktzyklus unterliegt. Auch wenn es ein anderes ähnliches Modell ist, das System bleibt immer das gleiche.

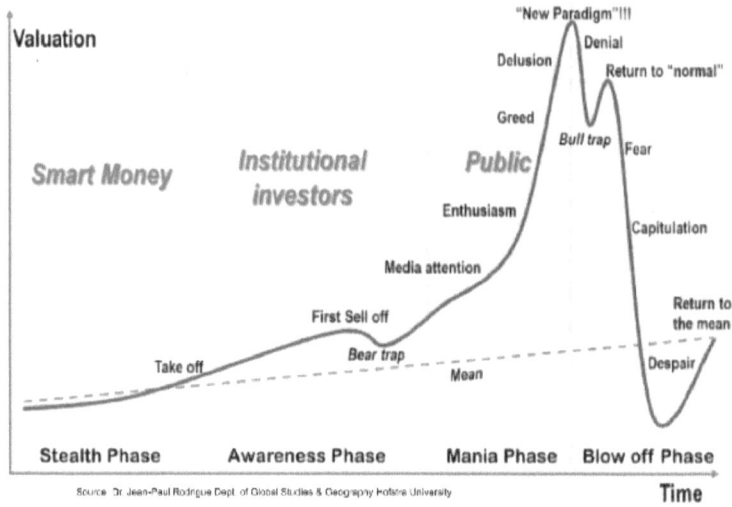

(http://blog.eckelberry.com/of-course-were-in-a-bubble-duh/)

*Diese Abbildung Repräsentiert den gesamten Marktzyklus. Aktuelle Berechnungen variieren zwischen 20k und 1M, wenn es nach Tim Draper oder John McAfee geht. Dies ist natürlich mit einer Menge Spekulation verbunden, so sehr wir uns auch wünschen in der ersten „Sell off" Phase zu sein.*

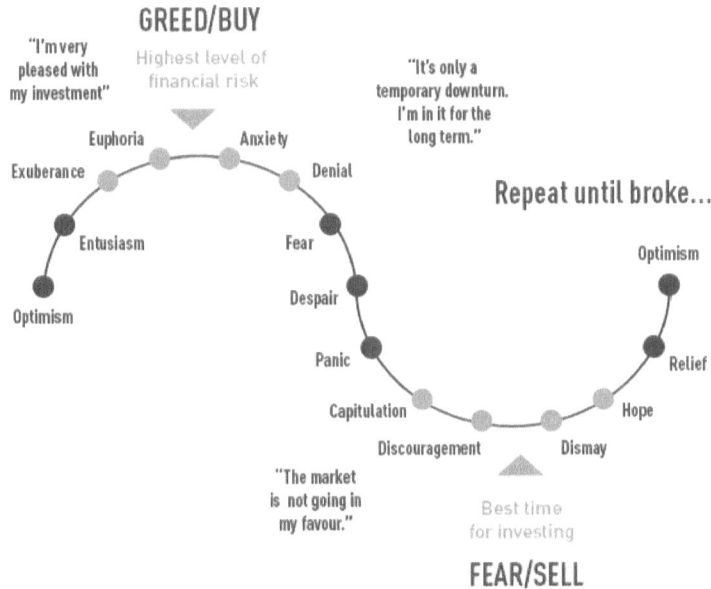

(https://www.tradingacademy.com/lessons/article/psychological-ebbs-flows-markets/)

Dieses Beispiel andererseits beschreibt die Emotionen perfekt. Eine oberflächliche Erklärung wäre folgende.

- Euphorie – die perfekte Möglichkeit zu verkaufen, wenn man sie wahrnimmt. Eine Situation in der der Markt euphorisch ist und die Preise parabolisch steigen.

- Selbstzufriedenheit/Leugnung – mit viel Dynamik in dem Markt wird ein Sinken des Wertes of verdrängt und geleugnet. *(Die Grundlagen sind so gut, warum sollte es fallen? Das wird schon wieder...)* Dies ist der perfekte Zeitpunkt auszusteigen, sollte der vorherige verpasst worden sein.

- Panik/Kapitulation – einer der schlechteste Zeitpunkt zu verkaufen. An dieser Stelle nimmt der Wert des Preises deutlich ab. Wenn du hier verkaufst und nicht zuvor, verkaufst du wahrscheinlich an dem absoluten Boden oder nahe diesem.

- Unglauben/Entsetzen – an dieser Stelle solltest du deine Lieblingscoins kaufen. Sobald der Preis sich stabilisiert hat vom Sinken. Diese Stelle kann Wochen oder sogar Monate andauern, daher solltest du Zeit haben. Der erneute Aufschwung ist meist mit Unglauben gepaart. *(Das ist nur ein weiterer kurzer Anstieg...)*

- Hoffnung – die Phase in der du deine Positionen bereits gekauft haben solltest. Hier kannst du erste Gewinne realisieren und den Aufwärtsschwung genießen.

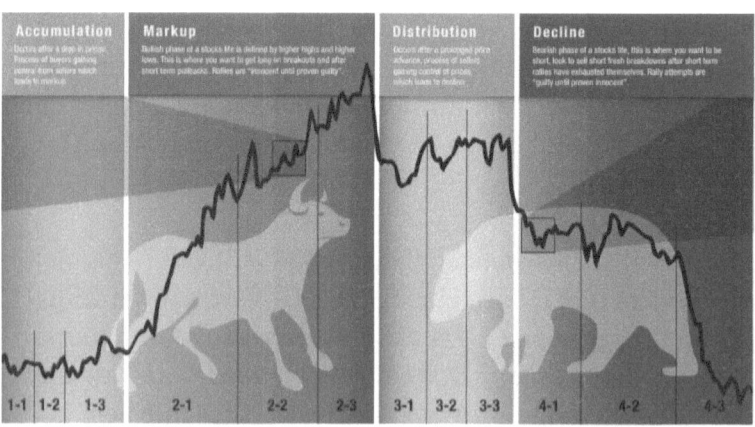

(http://www.visualcapitalist.com/this-market-cycle-diagram-explains-the-best-time-to-buy-stocks/)

*Das letzte Beispiel ist ein weiteres Modell, welches die Vorherigen bestätigt. Der Preis geht normalerweise nie stetig runter, sondern ermöglicht es schlauen Investoren auszusteigen, bevor der Preis weiter einbricht.*

Die wichtigste Sache, die du verstehen musst ist, dass die Markzyklen nicht vermieden werden können und für jeden Coin gelten. Plane nicht gegen den Trend zu Traden, wenn sich der Preis oben befindet, verlasse dich aber auch nicht darauf, dass jeder Coin genau diesen Mustern folgt. Nicht immer wird ein neues ATH erreicht und nicht immer verläuft die Akkumulation gleich.

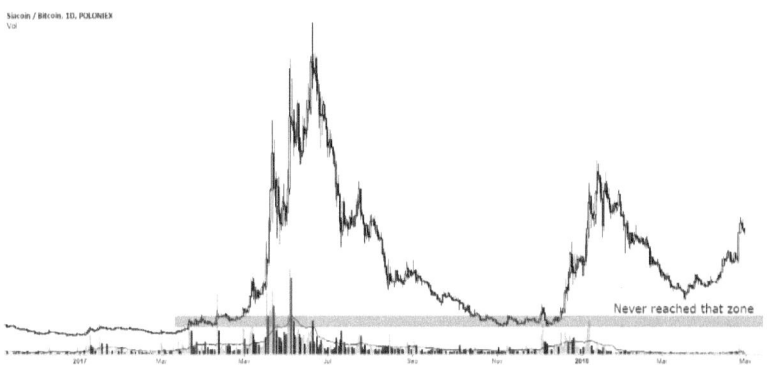

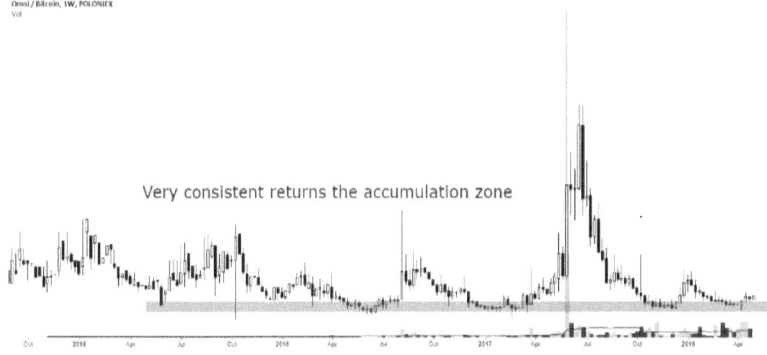

Sie sollten als Modell genutzt werden, um Einstiegs- und Ausstiegsmöglichkeiten bestmöglich zu erkennen. Wir werden darauf nochmals zurückkommen, doch zunächst zeigen wir dir wie du dich während eines Bullenmarktes und eines Bärenmarktes verhalten solltest.

## Bullen vs. Bärenmarkt

Als Trader in dem Krypto Markt muss man seine Profite in einem Bullenmarkt machen. Die meisten Leute machen während des Bullenmarktes gute Gewinne und verlieren diese dann wieder sobald der Bärenmarkt kommt. Oft kann der Bärenmarkt genauso profitabel sein, wie der Bullenmarkt mit weniger Aufwand.

### Bullenmarkt

Während eines Bullenmarktes gibt es offensichtlicher Weise mehr gute Gelegenheiten Geld zu verdienen, da jeder Teil aktiv ist – ICO, Altcoins, Hebeltrading. Die Strategie hängt dabei von dem Händler ab.

Aus unserer Sicht – außer du handelst mit großen Hebeln – ist der einfachste Weg den Markt zu überbieten, Altcoins und ICOs zu handeln. Wenn die Gelegenheit günstig ist – der Bitcoin nicht abnimmt im Wert – gewinnst du an USD und BTC Wert, mehr als du nur mit BTC erreichen würdest. Da der Kaufdruck hoch ist, sind ICOs mit kurzer Lock-up Zeit oft mit sofortigen Gewinnen verbunden und Altcoins können hunderte % steigen.

Es sehr wichtig in diesem Markt seine Profite mitzunehmen – wir werden später noch oft darüber sprechen, da dies überlebenswichtig ist. Viele Menschen halten ihre Coins zu lange und verlieren einen großen Teil der Bullenmarktprofite. Profite zählen nicht, solange sie nicht realisiert wurden! Wenn du dieser Regel nicht folgst wird es dir sehr schlecht gehen während eines Bärenmärktes.

Wir würden dir ebenfalls davon abraten, in ICOs zu investieren, die eine lange Lock-up Zeit haben, da eine hohe Wahrscheinlichkeit besteht, dass diese in einem Bärenmarkt ausgegeben werden. Dies führt normalerweise dazu, dass diese die Coins 80% unter dem ursprünglichen Preis eröffnen. Abgesehen davon solltest du das handeln was dich überzeugt, behalte aber den Markt im Auge.

Bärenmarkt
In einem Bärenmarkt zu handeln ist wesentlich langweiliger und es hängt hauptsächlich davon ab, wie gut du dich während des Bullenmarktes vorbereitet hast. Entweder wechselst du dein Geld in FIAT oder handelst dagegen. Wir werden uns auf Letzteres fokussieren.

„Short" ist der Hauptbegriff in einem Bärenmarkt, sowohl Bitcoin als auch Altcoins. Dies kannst du auf einigen Exchanges machen, wie z.B. Bitmex oder Bitfinex. An dieser Stelle hältst du keine großen Positionen von Altcoins mehr, da diese im Wert nur sinken werden. Außerdem wirst du eher nicht in ICOs investieren, da hierfür nicht genug Kaufdruck besteht. Hier gibt es natürlich ein paar Ausnahmen.

Selbst in einem Bärenmarkt gibt es immer Coins die nicht so hart von dem Abwärtstrend betroffen sind wie z.B. Bitcoin. Normalerweise performen diese gut in Bezug auf BTC oder überbieten sogar den Markt.

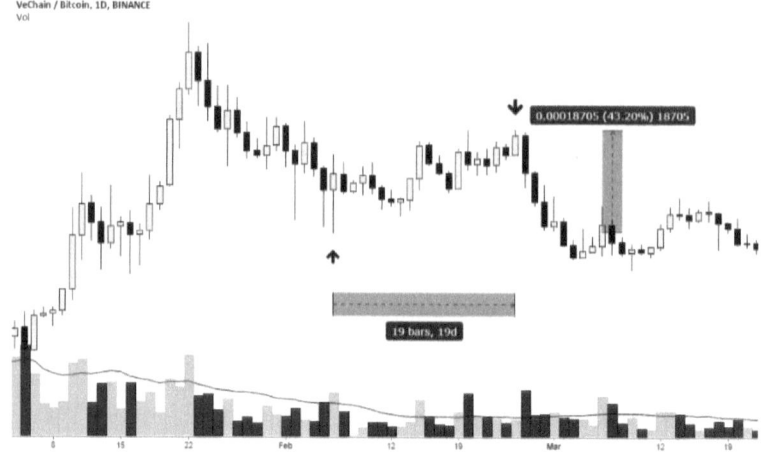

*Vechain war einer dieser Coins der sehr gut performte während des Abwärtstrends im Februar 2018. Während 19 Tagen nahm er 40% zu während der Rest des Marktes sank.*

Es kann sein, dass sich gute Gelegenheiten für ICOs ergeben, wenn du in einem geeigneten Moment einsteigst und einen Bonus bekommst. Du solltest dich immer auf ICOs mit geringem Volumen konzentrieren, sodass du dir sicher sein kannst das der ICO ausverkauft wird. Ansonsten wird es in einem Bärenmarkt nicht genug Käufer geben.

Wie wir bereits erwähnten ist shorten eine gute Möglichkeit in einem Bärenmarkt. Während eines solchen Marktes sollte dein Portfolio hauptsächlich aus BTC und FIAT Geld bestehen. Da die Volatilität bei BTC geringer ist als bei anderen Kryptowährungen, ist das Risiko geringer.

Ab dem Moment, ab dem du größtenteils BTC hältst musst du den Trend handeln, bis dieser widerlegt wird. Wie du gesehen hast, sinken die Altcoins signifikant im Wert sobald es einen Bärenmarkt gibt, genauso verfahren auch BTC und andere große Kryptowährungen. Hier ist es nicht nötig viele kleine Trades zu machen. Wenn wir den größeren Zeitraum betrachten, ist es wichtig eine Position nahe des Maximums zu finden und dagegen zu „wetten". Genau wie den Bullenmarkt nutzt du den Bärenmarkt nur anders herum.

*USD und BTC Chart von Ripple, einer der größten Kryptowährungen. Selbst so große Coins folgen dem Marktzyklus und bieten eine gute Chance zu shorten.*

In einem Bärenmarkt zu traden erfordert ohne Zweifel mehr Fähigkeiten, als in einem Bullenmarkt, da es hier auf die TA ankommt. Wenn du dich gut damit auseinandergesetzt hast und der Meinung bist es zu beherrschen, versuche dich zunächst an kürzeren Zeiträumen mit geringerem Einsatz. Bedenke auch, dass es immer Marktmanipulationen geben kann, auch im Bitcoin.

Jetzt wo du deine Möglichkeiten kennst, lass uns weiter machen mit der Legendären Alt Season weiter machen.

Alt Season
Bevor wir anfangen, müssen wir nochmals betonen, dass Bitcoin der Hauptindikator für den Krypto Markt war und ist. Bis mehr Altcoins mit USD gekauft werden können, bleibt eine starke Korrelation vorhanden. Es gibt keine Belege oder Regeln, ob Altcoins nur steigen, wenn Bitcoin es nicht tut, dafür ist der Markt zu abwechslungsreich. Jedoch sollte der Bitcoin Markt stabil sein, da sich Unsicherheit beim Bitcoin in dem gesamten Markt wiederspiegelt.

Wenn wir die Alt Season beschrieben müssten, dann würden wir sie als Zeit beschreiben, in der es schwieriger ist Verluste zu machen als Gewinne. Auf einer großen Börse kannst du Coins zufällig auswählen, die noch keinen Gewinn gemacht haben und Profite mitnehmen. Es ist sowohl irrational, als auch belohnend und gefährlich, wenn du deine Karten nicht richtig spielst.

*Dies ist eine Wochenchart von Digibyte, das über 2200% in weniger als 3 Wochen stieg – selbst von der Body wären es noch 1700% gewesen. Einige hielten Ihre Positionen jedoch durch sodass sie von der Spitze bis zum neuen Normalniveau 95% verloren.*

Der Graph zeigt perfekt aus wie exponentiell der Wachstum sein kann. Wenn du eine Strategie hast ist dies der Traum eines jeden Traders – hohe Volatilität mit großen Aufschwüngen und sehr gut für TA geeignet. Wenn du jedoch keine Strategie hast, findest du dich schnell auf der rechten schwarzen Kerze wieder und fährst Verluste.

Alt Season kann tatsächlich Leben verändern, da durchaus Investments mit 10x, 20x, 50x oder sogar 100x vorkommen. Diese Bewegungen sind der Grund für FOMO. Es ist extrem schwer nicht in Coins zu investieren, die gerade sehr steigen, erst recht, wenn deine es nicht so sehr tun. Daher ist diese Phase sehr schwer für Anfänger.

Mit so vielen Investitionsmöglichkeiten und Verlockungen ist es sehr leicht seine Strategie über den Haufen zu werfen. Es gibt viele Menschen die oft 20% mitnehmen und dann zum nächsten Coin springen, obwohl diese leicht 200% erwirtschaftet hätten. Es heißt Geduld bewahren. Um FOMO zu reduzieren solltest du ein paar Dinge verstehen.

- Du kannst nicht alle Pumps mitnehmen. Es gibt mehrere Tausend Coins und die Mehrheit ist gut und wird steigen. Alle zu haben ist weder möglich noch profitabel.

- Trader übertreiben mit ihrem Erfolg. Trader, die damit prahlen ständig 3x oder 5x den Gewinn zu steigern übertreiben, da es nicht ihr Verdienst ist. Sie erwähnen nie die Coins, die fielen oder nicht so stark stiegen. (Jeder kann Profite in einem Bullenmarkt machen.)

- Es ist alles Spekulation. Dein Ziel ist es Profite zu machen, nicht an deinem Investment für Jahre festzuhalten. Wenn du denkst du hast die Gelegenheit verpasst ein gutes Projekt wahrzunehmen, kommt immer eine zweite Chance (Stichwort Marktzyklen). In der Zwischenzeit kannst du andere Coins erwerben und handeln.

Der richtige Ansatz in diesem Markt ist essentiell. Voreingenommen zu sein, wird dir gute Möglichkeiten vorenthalten, daher ist es wichtig immer rational zu denken. Es gibt einige Regeln, die sich immer wiederholen.

- Coins aus demselben „Markt" steigen meist synchron.

*Wenn ein „Weed" Coin steigt, steigen meist auch die anderen. Jeder Trend basiert auf dem gleichen Phänomen – wenn ein großer Privacy Coin wie Monero steigt, dann werden es die kleineren auch.*

- Pumps starten bei den großen Coins und gehen dann auf die kleineren über.

*In jeder Alt Season gibt es mindestens einen großen Coin der irrational steigt –vor nicht allzu langer Zeit war dies Cardano und erst kürzlich (April 2018) EOS, welches 17 Milliarden an Wert erreichte, obwohl sie nur ein Testnet haben.*

- Überkauft zu sein ist ein Mythos.

*Coins können irrational steigen, sehr viel länger als du dies erwarten würdest. Wir würden nicht empfehlen eine Position lediglich aufgrund des RSI Indikators zu verkaufen. Wir können nicht zählen wie viele große Pumps wir verpasst haben, da wir dachten es sei die Spitze.*

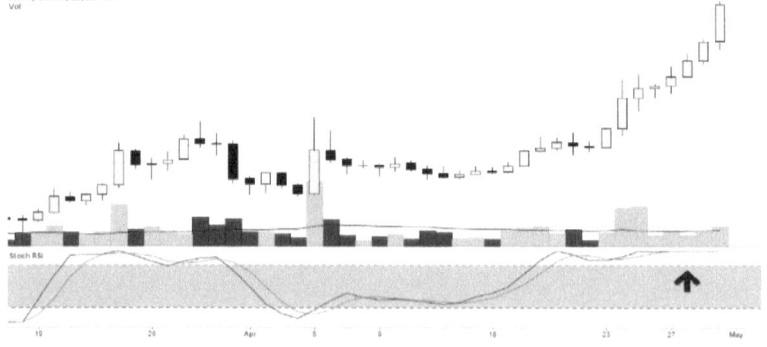

- Sehr kleine Marktkapitalisierungen sind anders

*Sehr kleine Marktkapitalisierungen (unter 5 Millionen oder auf kleinen Börsen) reagieren nicht so wie andere Altcoins. Sie können auch bei Abwärtstrends stabil bleiben und können auch steigen, wenn der Markt nicht optimal ist. Behandle diese Art von Coins immer anders, da sie nicht den normalen Marktzyklen folgen müssen.*

- Altcoins performen besser als Bitcoin

*Sehr oft verkaufen die Menschen ihre Altcoins, sobald sich der Bitcoin nach oben bewegt – tue dies nicht. Die Preisabfälle der Altcoins sind meist nur temporär. Normalerweise steigerst du in Altcoins, sowohl den Btc Wert, als auch den USD Wert, daher evaluiere, ob dein Coin wirklich schlechter ist. Dies bezieht sich natürlich nur auf die Alt season.*

Na gut, du fragst dich wahrscheinlich jetzt wie du wissen kannst, dass eine Alt Season kommt oder nicht. Die Antwort kann entweder bei individuellen Charts oder bei dem Gesamtmarkt gefunden werden.

Einer der besten Anhaltspunkte ist die fallende Dominanz des Bitcoins. Seit Anfang 2017 gewannen alle Altcoins an Wert, wenn die Dominanz fiel. Das heißt nicht, dass der Bitcoin im Wert abnahm, sondern das Altcoins ihren Anteil am Gesamtmarkt vergrößerten. Es gab viele Zeiträume in denen Bitcoin stieg, doch Altcoins mehr und daraufhin die Dominanz steigerten.

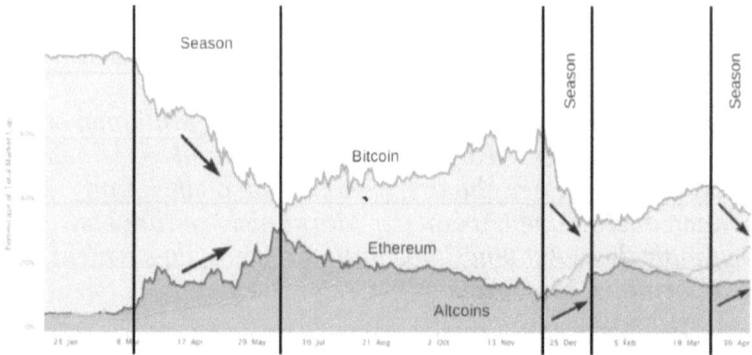

*Sehr oft wird Ethereum als Indikator für die Alt Season genannt, obwohl es eine Korrelation gibt, ist dies nicht immer der Fall. Der obige Chart zeigt die Marktanteile seit 2017. Jede Abnahme des Bitcoins an Dominanz, läutete eine Alt Season ein. Ethereum gehört nicht immer dazu wie im März zu sehen ist.*

Da sich die Bitcoin Dominanz in einem Abwärtstrend befindet, spricht viel dafür, dass es bald eine kleine Rallye gibt. Ob diese in einer Alt Season endet hängt von anderen Martkparametern ab.

*Der Lauf im Dezember 2017 endete schnell, da der Abwärtstrend des Bitcoin Panik auslöste. Der vorherige im Sommer 2017 hielt länger an, da sich der Markt mitten in dem größten bisherigen Boom wiederfand. (Von 20 Milliarden auf fast 800 Milliarden in 10 Monaten.)*

Es gibt keine Gewissheiten in der Kryptowelt. Es kann sein, dass wir nie wieder etwas erleben werden, wie die Alt Season Mai-Juni 2017, oder wir am Anfang einer weiteren stehen. Was auch immer der Markt macht, es ist wichtig sich nicht in diesem zu verlieren und „cool" zu traden. Darum studieren wir die Handelspsychologie.

Handelspsychologie
Gut in der TA zu sein und die FA hervorragend zu meistern ist jedoch leider nur die halbe Miete. Eine Position zu veräußern, bevor die deutliche Spitze erkennbar ist, ist nur einer der Gründe, warum die Handelspsychologie so wichtig ist. Es geht nicht nur darum deine Gefühle zu kontrollieren, sondern auch sie zu deinem Vorteil zu nutzen.

Eine sehr wichtige Eigenschaft ist zu wissen wie du auf deine eigenen Emotionen reagierst. Wir empfehlen dir ein Handelstagebuch zu führen – ein Ort wo du alle Emotionen beim Handeln aufschreibst. Verstehe so, welche Emotionen du beim Handeln hast, wenn der Markt absinkt oder du gute Profite einfährst. Diese Gefühle sind genauso gute Anhaltspunkte wie eine TA, erinnere dich an die Marktzyklen.

*Es ist kein Zufall, dass sich viele Leute darüber beklagen, dass ihr Coin genau dann steigt, wenn sie verkauft haben. Ein Gefühl der Kapitulation ist einer der besten Indikatoren zu sehen, dass du dem Boden sehr nahe bist. Kaufe die Angst und Verkaufe die Gier – es gibt nicht viele Investitionsratschläge, die so wichtig sind wie dieser.*

Wenn du nicht erfahren darin bist deine Gefühle, auch während großer Profite, zu unterdrücken brauchst du ein System. Dieses System sollte sich deinem Leben anpassen, wenn du vielbeschäftigt bist, dann verzichte auf Day-Trading.
Ein System zu haben eliminiert viele Fehler, die du machen könntest.

- Bekämpfe die Angst – ob es FOMO oder die Angst des Abwärtstrends ist, einige Grundregeln können beide Probleme lösen. Die Angst ist eine der dominantesten Emotionen, die es gibt, die jedoch umgangen werden kann mit vorher festgelegten Buy Order oder Einstiegsregeln.

- Bekämpfe die Gier – der Hauptgrund warum neue Trader ihre Profite nicht behalten ist Gier. Auch hier hilft ein klares System diese Gefühle zu minimieren.

- Bleib konstant – manchmal, wenn dich dein Selbstvertrauen verlässt, verlässt dich auch deine Profitabilität. Verlass dich immer auf deine Strategie.

Du solltest bereits wissen, wie du deine Recherche durchführst und deine eigenen Charts liest und verstehst. Außerdem wie der Marktzyklus auf den Markt wirkt. Jetzt kommen wir zu dem Traden selbst.

## *Erstellen einer Handelsstrategie*

Sobald du für dich festgelegt hast wie viel Zeit du in diesen Markt investieren möchtest, ist es Zeit deine Strategie zu wählen. Für alle die, die sich noch nicht entscheiden können, haben wir eine kleine Zusammenfassung aller Typen geschrieben.

## *Trading vs. HODLing*

<u>Day-Trading</u>
Die wahrscheinlich stressigste und anspruchsvollste Variante des Handelns ist das Day-Trading. Es verlangt ausgezeichnete Eigenschaft im Bereich der TA und viel Freizeit. Allerdings ist dies auch lohnend, wenn es richtig gemacht wird. Normalerweise werden hier viele kleine Trades gemacht (5-15% pro Tag) bei den größten Altcoins (Top20 z.B.).

| Pros | Cons |
|---|---|
| • Schnelle Profite<br><br>• Benötigt keine Kenntnisse der FA<br><br>• Benötigt keine Aufmerksamkeit außerhalb der Handelszeiten | • Gute TA Kenntnisse erforderlich<br><br>• Kann stressvoll sein<br><br>• Zeit<br><br>• Unmöglich mit kleinen Coins<br><br>• Wenn nicht mit Hebeln, viel Kapital notwendig |

Diese Strategie empfiehlt sich vorwiegend für Leute mit großem Budget und guten Kenntnissen und kann sich als sehr profitabel erweisen. Für neue Trader könnte dies sehr leicht überfordernd wirken, aufgrund des hohen Stresses.

Swing-Trading
Eine erweiterte Version des Day-Tradings ist das Swing-Trading, bei dem die „Einstellungen" mehrere Tage oder sogar Wochen halten. Swing-Trading heißt, dass man die Aufwärtstrends kurz vor einem Event mitnimmt und die Profite schnell in das nächste Shortterm Projekt investiert. Dies ist normalerweise eine gute Strategie ergänzend zu deinen Long-term Investments, da diese Swing-Trades so profitabel wie wochenlanges halten werden kann.

| Pros | Cons |
| --- | --- |
| • Sehr profitable & erfordert weniger Zeit als Day-Trading | • Erfordert eine gute TA da sich Einstiegsmöglichkeiten ändern |
| • Hohe Flexibilität des Portfolios | • Erhöhtes Risiko |
| • Kann auch mit kleineren Coins durchgeführt werden | • Eine gute Portfolioverwaltung ist ein Muss, da sich Positionen oft ändern. |
| • Erlaubt dir den Trade durchzuführen und ihn auch Long-term zu halten | |

Dieses Handelssystem ist die wahrscheinlich flexibelste Alternative, da es schnelle Profite mit starken Longterm Positionen kombiniert, wenn das Wachstum stärker ist als erwartet. Es benötigt jedoch gute Kenntnisse in FA und TA, um mit dieser Handelsmethode Erfolg zu haben.

Investing
Anders könnte man es auch als Kreislauf Trader bezeichnen. Eine Person, die am Tiefpunkt kauft und seine Positionen durch den gesamten Marktkreislauf hält, um möglichst nahe der Spitze zu verkaufen. Diese Strategie erlaubt eine ausgewogene Work-Life Balance, da die meiste Arbeit während der Akkumulationsphase gemacht wird. Hiernach musst du nur noch deine Gewinne realisieren und in Positionen investieren, die noch nicht gestiegen sind. Dies ist unsere Hauptstrategie.

| Pros | Cons |
|---|---|
| • Erfordert keine besondere Aufmerksamkeit<br><br>• Erlaubt Profite zu maximieren indem man auf Signale wartet<br><br>• Sehr einfach zu handeln, da Akkumulationsphasen sehr lange dauern<br><br>• Stetiges realisieren der Gewinne hält dein Portfolio liquide | • Unmöglich vorherzusagen welcher Coin schlecht performt<br><br>• Verglichen mit Shirt-Trades ist dies sehr stark mit der Marktentwicklung verbunden<br><br>• Erfordert eine gute Gewinnmitnahme Strategie |

Wir empfehlen dir diese Strategie immer anzuwenden, auch wenn du dich auf das Day-Trading fokussieren möchtest. Unabhängig davon wie gut du bist, sind dies die Investitionen, die schon so oft Leben verändert haben. Es dauert nicht lange über einen Coin auf dem Laufenden zu bleiben, jedoch kann es sich als sehr lohnend erweisen.

HODLing
Da sich HODLing mittlerweile zu dem Begriff schlechthin entwickelt hat, gibt es viele Menschen, die an sehr langes halten der Positionen glauben. Der Hintergrund des HODLn ist Coins auch durch starke Profite, sowie Abwärtstrends zu halten. Wir sind nicht davon überzeugt, dass dies die beste Strategie ist, aufgrund der immer wiederkehrenden Marktzyklen. Es existieren extreme Opportunitätskosten, außerdem kannst du hier nicht flexibel agieren und nicht dem Markt entsprechend reagieren.

| Pros | Cons |
|---|---|
| • Bedarf keiner Kontrolle<br><br>• Keine TA nötig<br><br>• Wenn die Grundlagen gut sind, kann das Endergebnis profitabel sein | • Enorme Opportunitätskosten<br><br>• Begrenzte Flexibilität<br><br>• Keine Garantie, dass das Maximum nochmals erreicht wird |

# *FA vs. TA*

Eine der ältesten Diskussionen im Allgemeinen Handeln ist die Frage, was ist zuverlässiger TA oder FA? Unserer Meinung nach lautet die Antwort: Eine Mischung aus beiden.

Kryptowährungen können relativ leicht manipuliert werden, worüber wir später noch genauer reden werden. Aus diesem Grund haben News oftmals einen größeren Einfluss auf den Krypto Markt als auf andere Märkte. Eine gut durchgeführte TA kann Preisbewegungen erkennen, wenn jedoch ein paar Menschen viele Coins halten, ist das Risiko zu hoch sich ausschließlich auf eine TA zu verlassen.

*Eine starke Aufwärtsbewegung wurde durch FUD über NCASH gebremst und resultierte nahezu umgehend in einem 27% Abfall. Deshalb solltest du immer wissen, was mit deinen Coins passiert um ggf. solche Situationen zu antizipieren.*

Du kannst bei deinen Investmententscheidungen sehr flexibel vorgehen, ob du dich dafür entscheidest in Grenzfällen mehr auf die FA oder TA zu vertrauen oder eine Seite komplett zu ignorieren, ist dir überlassen. Wir würden jedoch empfehlen eine auf eine Mischung zu setzen.

- Wenn du dich auf die FA fokussierst, nutze die TA um geeignete Einstiegspunkte zu finden und setze Ausstiegspunkte, die sich an dem Widerstand orientieren.

- Wenn du dich auf die TA fokussierst, nutze die FA um Risiken zu analysieren (Entwickler, Scam Berichte) und mögliche Anstiegsgründe zu finden (neue News, Website)

Sich ausschließlich auf eine der beiden Analysen zu verlassen, wird dich einem großen Risiko aussetzen, das durch einen guten Einstieg und eine gute Recherche hätte reduziert werden können. Es ist außerdem ratsam beide, sowohl FA als auch TA, im Kopf zu haben, für den Fall, dass du schnell reagieren musst.

*Wenn ein Coin den Marktkreislauf beendet können selbst die besten News ihn nicht auf das vorherige Niveau anheben. Dies passierte z.B. mit Stellar, die eine Partnerschaft mit IBM verkündeten. Der Preis stieg impulsiv über 200% an nur um danach wieder auf das Ausgangsniveau abzufallen. Wenn du dich lediglich auf die FA verlassen hättest und die Rolle der TA und des Marktes ignoriert hättest, hättest du wahrscheinlich Verluste erlitten.*

*Dies gilt natürlich auch anders herum, was man bei dem Bitcoin Abwärtstrend im April 2018 erkennen konnte. Viele Trader sagten einen Abwärtstrend voraus, der vergleichbar mit dem von 2014 werden sollte, auch wenn die Marktgrundlagen etwas anderes versprachen. (Große Spieler, die einsteigen wollten, eine „Bullische Bewegung", positive Nachrichten über Bitcoin usw.) Letztendlich schoss der Bitcoin über 9000$ in ein paar Tagen. Wenn du hier lediglich auf die TA gesetzt hättest, hättest du auch hier eine gute Gelegenheit verpasst.*

# Der Trade

Wir haben nun einen der wichtigsten Teile der Investmentsektion erreicht. Kein Punkt beim Handeln ist wichtiger, als der optimale Einstieg, leider bereiten auch wenige Dinge so viele Schwierigkeiten wie die Ermittlung dieses. In diesem Kapitel werden wir lernen, welche Vorkehrungen du treffen solltest. Da wir uns nicht weiter wiederholen wollen, werden wir Begriffe aus den vorherigen Kapiteln verwenden, daher solltest du diese bereits behandelt haben.

## Den Einstieg finden

Ein guter Einstieg ist essentiell, nicht nur um Gewinne zu maximieren, sondern auch um die Risiken zu minimieren. Die Definition eines guten Einstiegs hängt stark von der Zeitspanne ab, die wir uns anschauen. In Bezug auf Short-Term Trades, solltest du die TA für einen guten Einstieg zu nutzen, bei Long-Term Trades sollte auch die FA analysiert werden.
Wenn du die folgenden Methoden liest, behalte im Hinterkopf, dass niemand den genauen Boden kauft und niemand das absolute Maximum verkauft. Versuche nicht perfekt zu sein, da du sonst gute Möglichkeiten verpassen könntest. Glaube nicht jedem der behauptet er verkaufe immer im Maximum. In den folgenden Schritten werden wir dir zeigen wie du einen guten Einstieg findest.

Short-Term
- Kaufe einen starken horizontalen Support oder ein starkes (bullisches) Muster. Das bedeutet, du musst den Trade tätigen, bevor dieser von der Support Linie abprallt. Dieser sollte durch andere Indikatoren bestätigt werden (geringes Volumen, bullische Abweichungen) und durch eine Stop-Loss gesichert werden (später mehr zu Stop-Loss).

- Kaufe das Gerücht. Wir werden über Marktereignisse an einem späteren Punkt dieses Kapitels reden, daher werden wir dies hier nur kurz anschneiden. Wenn ein wichtiges Ereignis naht (Börsenlistung/Partnerschaft), hat dies meist positive Auswirkungen auf den Preis. Normalerweise kommt es zu einem großen Wachstum beim Entstehen des Gerüchtes und zu einem kontinuierlichen Wachstum bis zum Ereignis selbst. Dies dient als gute Gelegenheit Short-Term Investments zu tätigen, wenn du den Handel durchführst bevor der Hype eingepreist ist.

- Kaufe die FUD. Kryptowährungen sind immer noch Teil eines sehr jungen Marktes, daher haben die Entwickler oft Schwierigkeiten die Erwartungen der Investoren zu bestätigen. Darüber hinaus kommt es oft zu Missverständnissen, die in Preisstürzen resultieren. Je nachdem wie besorgniserregend die Vorwürfe sind, ist dies oft eine gute Möglichkeit zu investieren, sofern die Vorwürfe keinen ernsten Hintergrund haben. Auch wenn die Nachrichten oft übertrieben werden und unnötig Panik verbreitet wird, verkaufen viele Investoren aufgrund von dieser Panik.

*Ein Beispiel hierfür ist die kleine Kryptowährung Haven, die beschuldigt wurde einen Pump & Dump organisiert zu haben. Der Versuch ging allerdings von anderen Profilen aus und konnte verhindert werden. Trotzdem verlor der Coin in den darauffolgenden Tagen an Wert.*

Long-Term
- Aus der Sicht eines Long-Term Investors sind die besten Käufe, die die am Boden des vorherigen Marktzyklus getätigt werden. Die Käufe sollten getätigt werden, sobald die „Kapitulation" sichtbar ist (beschleunigtes verkaufen) und wenn der Preis aufhört tiefere Tiefen zu erreichen. Dies ist die sogenannte Akkumulationszone, dort steigen die „normalen" Personen aus und verlieren die Geduld, doch dort steigt das Smart Money ein.

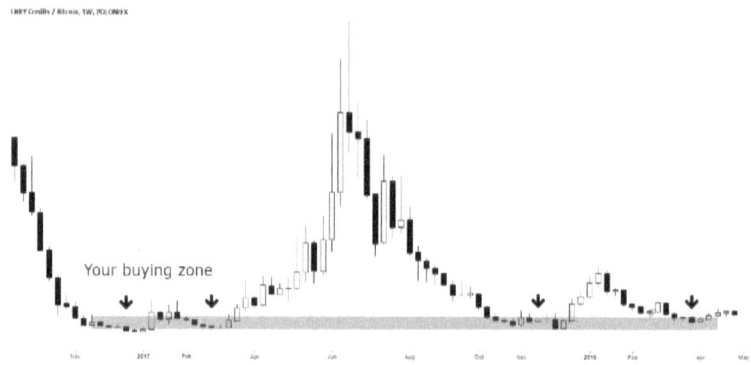

Der Preis tendiert dazu zurück zu der Akkumulationszone zu kommen. Sehr oft sind diese so genau, dass man schon Monate vorher Buy Order setzen könnte.

Für weitere Bestätigungen solltest du die Volumenprofile und die Muster analysieren – im November/Dezember 2017 signalisierten die meisten Altcoins das Ende des Abwärtstrends durch einen doppelten Boden („Adam & Eva" Muster).

Da Kryptowährungen sehr volatil sind, gibt es viele Situationen, in denen der Preis nicht bis zum absoluten Boden absackt, sondern schnell steigt. Wenn du nicht erst auf die Bestätigung des Aufwärtstrends warten möchtest, solltest du versuchen in der nächsten starken „Consolidation Zone" zu kaufen, wie du in den folgenden Beispielen sehen kannst.

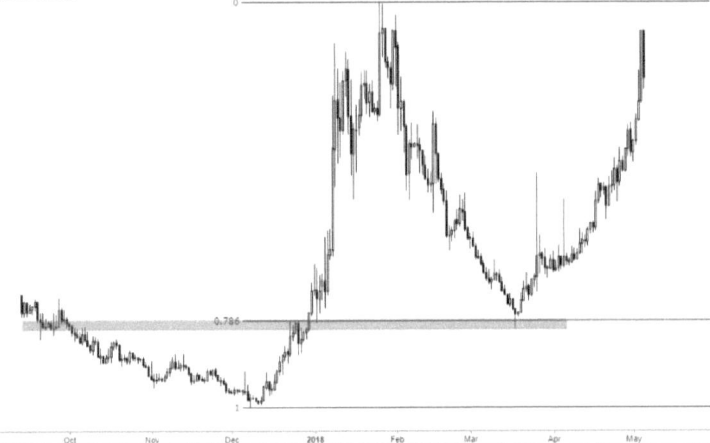

- Natürlich willst du in Coins investieren, die gute Grundlagen haben (erinnere dich an das FA Kapitel). Das Projekt muss sich beweisen und dafür muss es Fortschritte liefern. Es ist egal wie gut der Einstieg aus der Sicht der TA ist, um langfristige Investments zu tätigen musst das Projekt starke Grundlagen haben.

- Kaufe, wenn niemand davon spricht. Der Unterschied zwischen 2x oder 10x ist, ob du gekauft hast als du von einem Investment gehört hast oder wenn du ein Investment gefunden hast. Wie wir bereits zuvor erwähnt haben, steuert die Masse den Preis, wenn diese also noch nicht Bescheid weiß kannst du mehr gewinnen. Gib dich nicht mit den Gelegenheiten zufrieden, die hart arbeitende Analysten bereits ausgenutzt haben. Investiere Zeit um die versteckten „Schätze" zu finden.

- Nach dem Marktzyklus der Emotionen ist es am besten dann zu kaufen, wenn sich Ärger und Depression unter der Masse breit macht. Für uns ist die größte Bestätigung, wenn wir eine Altcoinanalysen posten und Nachrichten bekommen, die sagen „Altcoins sind tot". Wenn die emotionalen Muster zu der „Preis Consolidation" passt, hast du eine große Chance nahe des Bodens zu kaufen.

## *Den Ausstieg finden und Gewinne mitnehmen*

Du kannst dir nie absolut sicher sein, was mit dem Markt passieren wird. Kryptowährungen sind extrem volatil und jede kleine Nachricht kann sie stark beeinflussen. Zu gierig zu sein ist einer der Hauptgründe, warum viele Menschen negative Erfahrungen mit dieser Assetklasse gemacht haben. Diese Menschen hatten keine Gewinnmitnahme Strategie, da sie Angst hatten zusätzliche Gewinne zu verpassen. In dem folgenden Teil werden wir dir zeigen wie du verkaufst, womit so viele Leute Probleme haben.

Wie verkaufe ich meine Positionen?
Es gibt tatsächlich einige Wege eine Position zu verkaufen, manche verkaufen auf einen Schlag möglichst weit oben, andere machen es Stückchenweise. Aus unserer Erfahrung ist der logischste Weg sich Ziele zu setzen und kleine Mengen auf dem Weg nach oben zu veräußern.

Auf diesem Weg sicherst du einen großen Teil deiner Coins, während du konsequent Gewinne mitnimmst (für den Fall eines überraschenden Crashs). Hierdurch hast du ebenfalls die Möglichkeit diese Gewinne sofort in andere Projekte zu reinvestieren, die noch größere Potenziale haben.
Gewinne zu realisieren (also einen Teil der Position zu verkaufen) ist bei Short-Term und Long-Term Investments ähnlich. Daher werden wir nicht näher auf die Zeitspanne eingehen.

## Wie viel % sollte ich verkaufen?

Diese Frage hängt davon ab wie gut die Graphen aussehen und du das Projekt bewertest. Wenn dein Coin so vielversprechend ist, dass er das Potenzial hat x10 zu steigen, verkaufe nicht die Hälfte deiner Position an der ersten Resistance. In einem normalen Fall würden wir in etwa 10-20% an jeder Trendlinie verkaufen, dies ist jedoch keine universelle Regel!
Bei manchen Projekten verkaufen wir die Hälfte bei der ersten Resistance und bei manchen verkaufen wir nichts bis die dritte oder vierte erreicht ist. Es liegt bei dir wie du dich entscheidest, da hier eine Verbindung zum Risiko besteht, das du eingehst. Wir haben einige allgemeine Regeln für dich verfasst, die dir helfen werden.

- Setze deine Verkaufsorder entsprechend den Marktkonditionen. Wenn du dich in einem Bullenmarkt befindest, lasse deine Coins länger laufen, da sie vielleicht neue ATH erreichen. Wenn du dich in einem Bärenmarkt befindest, verliebe dich nicht in deine Coins, sondern verkaufe bei jeder Profitgelegenheit. Du musst flexibel und reaktiv auf den Markt reagieren, da du den Markt nicht ausspielen kannst.

-Egal wie sehr du an ein Projekt glaubst, habe keine Angst zu verkaufen. Auch dein Lieblingsprojekt wird im Wert fallen, da es ebenfalls an Marktzyklen gebunden ist.

- Betrachte immer den gesamten Verlauf um zu erkennen wie viel Potenzial der Coin noch hat. Wenn du dich nahe der Spitze befindest, zögere nicht große Positionen auf einmal zu verkaufen.

- Behalte einen „Moon Bag". Das heißt, wenn du eine Position verkaufst, verkaufe nicht alles. Lass 10-15% in der Währung, für den Fall, dass der Coin, entgegen deiner Erwartung, weiter steigt. Solltest du dir zu 100% sicher sein, dass eine Spitze überstanden ist und du keine FOMO spürst sobald eine gegenteilige Bewegung eintritt, kannst du selbstverständlich auch deine gesamte Position verkaufen.

## Wie setzt man Ziele?

Die Zielsetzung hängt von vielen Dingen ab. Wenn das Projekt eine längere Vergangenheit hat, ist es einfacher Ziele zu lokalisieren, da wir diese an den Resistance-Linien setzen würden (genau wie bei den Einstiegen empfehlen wir dir die TA hierzu zu nutzen). Wenn der Coin keine lange Vergangenheit besitzt und es möglich ist ein neues ATH zu erreichen, nutzen wir sogenannte FIB-Erweiterungen um Ziele zu setzen.

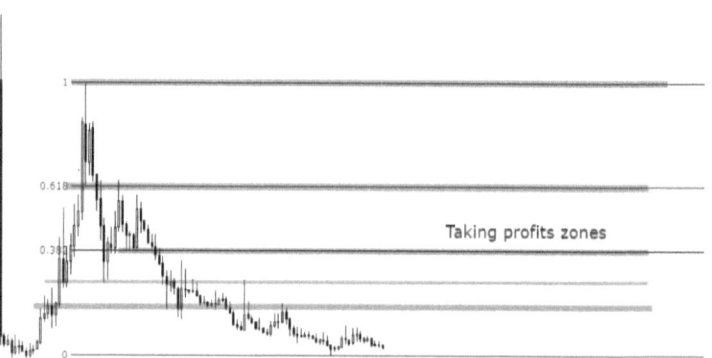

Wenn der Coin neu ist und keine Preishistorie existiert, sind die Graphen wesentlich schwieriger. In manchen Situationen können wir psychologische Ziele setzen, doch meist solltest du die Preisbewegung verfolgen.

*Eine psychologische Resistance ist kein wirkliches Ziel, doch es erlaubt dir wage Ziele zu formulieren, um den Trade bestmöglich zu nutzen. Wenn ein Coin 10 Cent wert ist, kann eine Resistance bei 20, 50 oder 100 Cent liegen usw.*

Habe keine Angst davor sehr hohe Ziele zu setzen – selbst wenn du sie mal nicht erreichst, so ist es den Versuch wert, da viele Coins exponentiell steigen. Das gleiche gilt auch anders herum, versuche immer den günstigsten Einstieg zu finden.

Reichen diese Ziele aus?
In beiden Fällen, mit oder ohne Vergangenheit, solltest du deinen Coin konsequent „überwachen". Mit so vielen unerwarteten Ereignissen, könntest du viele Gelegenheiten verpassen, wenn du nicht aufpasst.

Deine Positionen solltest du ständig neu bewerten um sicherzustellen, dass keine Bärensignale vorhanden sind (Resistance-Linien, Bärentrends, Blow-off Top...). Auch wenn du spät darin sein solltest Gewinne mitzunehmen, stelle sicher, dass du nicht in Panik verfällst. Jedem Abwärtstrend folgt ein kleiner Aufwärtsrend auch in einem Bärenmarkt, dies sollte ein Verkaufspunkt sein.

Neben der TA solltest du immer die Emotionen beobachten, die einen Coin umgeben. Wenn die Atmosphäre euphorisch ist („der nächste Bitcoin"), solltest du die Position neu bewerten, da es Zeit sein könnte sie zu verkaufen. Der Abfall von der Spitze ist meist sehr brutal, daher empfehlen wir dir dich an die vorher genannten Regeln zu halten – kaufe die Angst und verkaufe die Gier.

Dies sind die Regeln, die du befolgen solltest um profitabel zu Handeln. Habe keine Angst vor Entscheidungen und halte an deiner Meinung fest. Dies kombiniert mit dem hier vermittelten Wissen bietet dir wahrscheinlich mehr als die meisten anderen Trader haben.

Der letzte Teil dieses Buches, bevor wir uns anschauen wie du dein Portfolio verwalten solltest, konzentriert sich auf die Marktereignisse.

# *Marktereignisse*

Kryptowährungen haben oftmals die gleichen Events, die sich sehr oft als gute Investmentchance herausstellen. Hier beziehen wir uns vorwiegend auf Forks und sogenannte Airdrops.
Grundsätzlich unterscheiden wir jedoch drei verschiedene Typen von Ereignissen, die oft für Verwirrung sorgen. Diese sind der Fork, der Airdrop und die Börsenlistung. Bevor wir damit beginnen schauen wir uns einmal allgemeine Anforderungen an.

## *Allgemeine Ankündigungen*

Die erste und oft zitierte Regel ist und bleibt „Kaufe die Gerüchte und Verkaufe die News". Denke daran zu verkaufen bevor der Hype sein Maximum erreicht. Abhängig von der Art des Ereignisses kann es zu starken Anstiegen kommen, welche sich hervorragend als Short-term Investments eignen – wichtig ist der Ausstieg vor der Masse. Es ist essentiell, dass diese Ereignisse auch einen Wertanstieg rechtfertigen, z.B. neue Partnerschaften, Produktveröffentlichungen, Börsenlistungen usw.

*Beispiele von „unwichtigen" Ereignissen sind eine neue Roadmap, Konferenzen (abgesehen von den allerwichtigsten) oder eine neue Website. Bei sehr neuen Coins könnte dies natürlich zu einem Wertanstieg führen, im Allgemeinen sollte jedoch nicht daraufgesetzt werden.*

Der beste Moment zu verkaufen ist nicht am Tag der Verkündung, sondern ein wenig davor. Du solltest gegen den Strom schwimmen, da nach der Veröffentlichung die meisten verkaufen wollen. Wie immer empfehlen wir dir kontinuierlich Gewinne zu realisieren, da es auch zu verfrühten Abwärtstrends kommen kann. Der geeignete Moment zu verkaufen kann ein paar Tage oder ein Tag vor der Veröffentlichung sein.

Jetzt werden wir uns den spezifischeren Beispielen widmen.

## *Börsenlistung*

Eine kleine Randbemerkung bevor wir anfangen; kein Coin darf erwähnen, dass er auf einer Top Exchange gelistet wird (Binance, Bittrex), daher werden bei Ankündigungen wahrscheinlich andere Börsen gemeint.

Mit diesen Informationen zu handeln ist sehr trickreich, da du den richtigen Moment zum Verkaufen, sowie zum Kaufen (sofern noch nicht geschehen), finden musst. Lass uns einmal annehmen unser Coin geht von einer kleinen Börse (Cryptopia) zu einer großen (Binance). Diese Listung wird ohne große Gerüchte vollzogen, sodass es kaum Indizien gibt. Dann läuft dieses Scenario meistens so ab:

- Eine große Wertsteigerung auf der kleinen Exchange (Cryptopia)

- Wertabnahme

- Sehr volatil sobald der Coin auf der neuen Börse gehandelt wird – normalerweise hohe Einstiegspreise, gefolgt von einem kleinen Aufwärtstrend und letztlich einer erneuten Abwärtsbewegung

- Sobald der Preis sich eingependelt hat, folgt dieser dem normalen Marktkreislauf

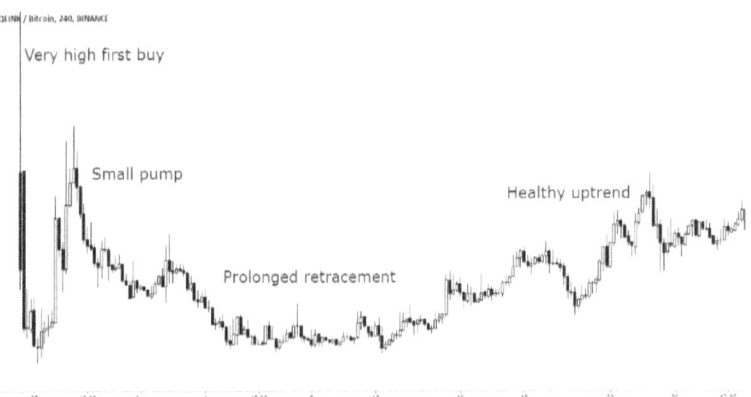

Die perfekte Strategie wäre, die Coins während des ersten Preisanstiegs auf der neuen oder alten Exchange (die Preise sollten sich anpassen) zu verkaufen und sofern gewünscht nach dem erneuten Abfall zurückkaufen. Durch die Volatilität ist dies jedoch sehr schwer, da es sich um einen Minutenzeitraum handeln kann. Du solltest niemals in einen Coin investieren, der gerade auf einer neuen Börse gelistet wurde. HODLer schauen bei diesem Vorgang meist zu, da die neue Listung langfristig eine wertsteigernde Wirkung hat.

Darüber hinaus gibt es noch zwei weitere Möglichkeiten, dieses Ereignis zu handeln.

- Sollte es eine Meldung Tage oder sogar Wochen vor der Listung geben, handle dieses Ereignis genau wie die zuvor erwähnten.

- Der Coin ist bereits auf einer großen Börse und die neue Börse ist eine kleine. Hier ist das Event nicht nennenswert, es kann zwar zu kleinen Preisanstiegen kommen, doch diese sind das Risiko nicht wert.

## *Airdrop*

(Deutsch: Abwurf/Fall aus dem Himmel) Ein Airdrop ist ein Prozess bei dem kostenlos Coins verteilt werden, entweder unter Investoren eines bestimmten Coins (in einem zufälligen Verhältnis 1:1 z.B.) oder unter vorher registrierten Investoren.

Projekte die mit einem Airdrop solltest du einfach Halten. Normalerweise verkaufen die meisten die diese Coins erhalten ihre Positionen sofort, was einen starken Abwärtstrend zur Folge hat. Nach diesem Abwärtstrend steigert sich der Wert üblicherweise wieder.

Da du diese Coins umsonst erhältst, gibt es keinen Grund diese schnell zu veräußern. Die Registrierung geht schnell (sollte es eine geben) und können eine gute Geldquelle sein, wenn man regelmäßig an diesen Teilnimmt. Es sieht jedoch anders aus, wenn es einen existierenden Coin gibt auf dessen Basis der Airdrop erfolgt.

Eine Ankündigung, dass Investoren belohnt werden durch kostenlose Coins, ist eine der einflussreichsten Ereignisse im Krypto Markt.

Eines der besten Beispiele war der Ignis Airdrop im Dezember 2017. Der Preis von NXT sprang innerhalb von 35 Tagen um 1500% / 1800%. Ignis war tatsächlich ein gutes Projekt, doch da die meisten Investoren ihre Coins sofort veräußerten viel der Wert in den nächsten vier Monaten rasant. Auch NXT profitierte nicht davon, da die meisten Investoren die Coins lediglich für den Airdrop kauften.

Den Airdrop optimal zu nutzen hängt normalerweise stark von der Qualität des zu erhaltenden Coins ab. Wenn der neue Coin sehr gut ist, ist es am besten den allgemeinen Anmerkungen von zuvor zu folgen. Auf diesem Weg stellen wir sicher, dass wir der Preisspitze möglichst nahekommen und die Chance haben nach dem Abfallen der Coins diese günstiger zu erwerben. Manche spalten ihre Taktik lieber in 50/50 (verkaufe 50% und halte die anderen durch den Airdrop), dies birgt das Risiko einen enormen Wertverlust zu erfahren und nicht rechtzeitig verkaufen zu können.

Wenn die Qualität des Airdrops nicht gut ist, zieht dies weniger Investoren an und die damit verbundenen Auswirkungen sind geringer. Daher ist ein Investment nicht zwangsläufig empfehlenswert. Es gibt so viele Airdrops, da ist es wichtig nicht auf jeden zu setzen. Wenn du ein gutes Projekt gefunden hast stelle sicher, dass du nicht zu früh verkaufst, da der Wachstum oft exponentiell steigen kann.

## *Fork*

Es ist wichtig zu betonen, dass wir nicht jeden Fork meinen – viele Airdrops sind Forks von der originalen Blockchain. An dieser Stelle werden wir dir erklären, wie du einen Fork handelst, wenn das resultierende Projekt ein ganz neues ist und die Struktur des Originals verändert.

Während des letzten Jahres gab es zwei Forks basierend auf diesem Coin, ZenCash und Bitcoin Private.
ZenCash wurde von den Entwicklern von Zclassic entwickelt. Das Ziel war eine Weiterentwicklung und ein vollends privater Coin. Das Entwicklerteam versprach den alten Coin weiterhin zu unterstützen, doch dieser stürzte trotzdem ab.

*Der Preis von Zclassic nahm um 1600% (in BTC) zu nur um kurz nach dem Fork auf den absoluten Preisboden zu fallen.* ZenCash zeigte viel Potenzial, sogar mehr als Zclassic. Viele Investoren waren bereit beide Coins zu behalten. Natürlich konnte man wenige bei Zclassic halten, da deren Investoren im Prinzip Geld geschenkt bekommen hatten, welches sie schnell realisieren wollten.

Wenn der Fork in Fällen wie diesem vermuten lässt, dass es sich um ein gutes Projekt handelt, dann kann es sich lohnen Teile zu behalten (dies ist mit einem höheren Risiko verbunden). Du solltest den originalen Coin kurz vor oder sofort nach dem Fork verkaufen, da dieser, egal wie die Grundlagen sind, an Wert verlieren wird. Denk daran, dass dies ein äußerst seltenes Ereignis ist.

*ZenCash erreichte nahezu sofort 16$, während Zclassics ATH bei 9$ lag. Wenn du die Sell Order perfekt positioniert hättest, hättest du sowohl mit dem halten des neuen Coins, als auch mit dem Verkauf des alten Coins Gewinn gemacht. Es war kein leichter Trade aufgrund der hohen Volatilität, doch wenn dieser richtig ausgeführt wurde, hat er viel Profit gebracht.*

Bitcoin Private andererseits war ein Fork der eingeleitet wurde, nachdem Zclassic von einem neuen Entwicklerteam begleitet wurde. Auch hier wurde versprochen, dass der originale Coin weiterhin unterstützt wird, doch niemand fiel auf diesen Trick erneut rein.

*Der Preis von Zclassic während des Bitcoin Private Events. Von der Veröffentlichung des Vorhabens bis zu der Spitze kurz vor dem Fork legte Zclassic knapp 2000% in BTC zu. Noch vor dem Fork begann der Abverkauf und beschleunigte sich rapide und resultierte mal wieder in einem verheerenden Abwärtstrend.*

Um dieses Kapitel zusammen zu fassen – die normalerweise profitabelste Variante ist das Verkaufen während des Anstieges vor dem Event. Diesem folgt meistens ein radikaler Preissturz, den man nicht begleiten sollte. Durch ein solches Event zu halten kann sehr riskant sein, wenn es nicht einen außergewöhnlich guten Hintergrund gibt.

# *Verwalte dein Portfolio*

Gut darin zu sein neue Coins zu finden und zu handeln heißt leider nicht, dass du auf lange Sicht erfolgreich bist. Jeder Investor sollte eine bestimmte Strategie haben wie seine Coins aufgeteilt sind und welche Prozentzahl seines Portfolios in Handel investiert werden. Dies variiert bei jedem Trader, da jeder eine unterschiedliche Risikotoleranz hat. Jedoch gibt es einige universelle Regeln, denen du folgen solltest.

## *Diversifikation des Portfolios*

Ein Portfolio hängt von ein paar Faktoren ab, dem Kapital, deiner Risikotoleranz und deiner Zeit. Abhängig von diesen erstellst du ein Portfolio mit ein paar Long-Term Positionen oder einer dominanten BTC Position zum Day-Trading. Egal was dein Ziel sein sollte es gibt Regeln die du beachten solltest, wenn du dein Portfolio erstellst.

Nutze verschiedene Risikogruppen
Jedes Portfolio sollte ein paar Kategorien beinhalten mit unterschiedlichen Risiken – Coins mit hoher Marktkapitalisierung, Coins mit kleiner, Bitcoin und weitere. Dies mag am Anfang schwer sein, da es viel organization bedarf. Jedoch ist dies gerade bei größeren Portfolios essentiell, um die Risiken zu minimieren. Versuche daher wenigstens deine Altcoins nach gewissen Kriterien zu ordnen.

*Die folgende Struktur ist von einem der größten Trader in der Kryptowelt - @CryptoCobian.*

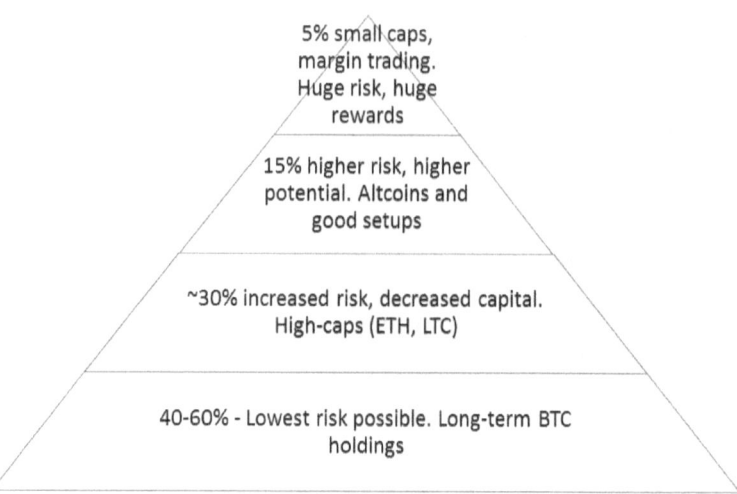

*Dies ist eine sehr rationale Struktur, die wir leicht abgeändert ebenfalls nutzen. Je höher das Risiko desto niedriger sollte dein gesamtinvestiertes Kapital sein. Dieses System mag nicht das profitabelste sein, jedoch ist es vom Standpunkt des Risikomanagements das sinnvollste. Beachte, dass dies keine dauerhafte Portfolioeinteilung ist, da diese in verschiedene Zeiten, wie der Altseason oder dem Bärenmarkt, angepasst werden muss.*

Behalte die Struktur bei
Wenn du eine Position verkaufst, versuche die Struktur deines Portfolios beizubehalten. Lasse nicht zu, dass ein Coin die Mehrheit gewinnt, wenn du eigentlich eine gleichgewichtete Verteilung wolltest. Dies heißt jedoch nicht, dass du Positionen verkaufen solltest, wenn der Markt steigt. Solltest du deine Strategie während des Handelns ändern, könnte es das Risiko erhöhen, da du emotionaler handelst.

*Wenn ein kleiner Coin x10 steigt, nimm die Gewinne und reinvestiere einen Teil erneut in kleine Coins. Wenn du alles erneut in kleine Coins steckst, verschiebt sich deine Verteilung in Richtung des größeren Risikos. Daher empfehlen wir die Gewinne möglichst gleichmäßig zu verteilen.*

Übertreibe die Diversifizierung nicht
Je mehr Positionen du hältst, desto kleiner ist dein Risiko. Jedoch können zu viele Coins auch deine Profitabilität deutlich reduzieren, das heißt du solltest dich auf eine Höchstanzahl limitieren. Wenn dein Kapital klein ist und du es schnell maximieren möchtest, solltest du nur ein paar Positionen pflegen. Große Portfolios wollen eine möglichst geringe Volatilität, daher wäre hier eine größere Diversifikation angemessen. Behalte im Kopf, das zu viele Positionen es erschweren bei allen Entwicklungen auf dem Laufenden zu bleiben.

*Aus Erfahrung können wir sagen, dass 10 Coins gut zu managen sind, wenn es um tägliche Nachrichten geht. Diese Anzahl ist unserer Meinung nach Standard, wenn es um die Hauptpositionen eines Händlers geht. Natürlich kannst du über 100 Coins haben, wie viele populäre Trader, doch solltest du nicht erwarten besonders hohe Gewinne zu erwirtschaften.*

Gehe niemals ALL-IN
Zu wenige Positionen zu haben bringt dir sehr viel Risiko, erst recht, wenn du große Summen investierst. Das liegt nicht nur an der geringen Liquidität (du kannst große Positionen schlecht schnell verkaufen), sondern auch an der hohen Volatilität des Marktes, die dein Portfolio in wenigen Stunden um eine große Prozentzahl reduzieren kann.

Schütze dich vor unerwarteten Ereignissen, die jede Position schwächen könnte.

*Wie der frühere Krypto Trader @needacoin sagte, wenn du 10 Positionen hast, muss nur einer x10 steigen um einen Totalausfall der anderen zu kompensieren. Zu viele Positionen sind nicht gut, doch solltest du ein paar haben, da dies die Chance erhöht einen „Gewinner" zu treffen.*

## Habe immer ein paar BTC/ETH auf Seite
Es gibt nichts Schlimmeres für einen Trader kein Geld zu haben um Dips (Preisdellen) zu kaufen. Anstatt 100% in Altcoins zu stecken solltest du immer einen Teil in BTC oder ETH haben, um flexibel zu sein. Auf diese Weise musst du nicht Positionen verkaufen, um zu reagieren. Dies hält dein Portfolio stabil, da größere Kryptowährungen weniger volatil sind.

*Der Anteil von BTC/ETH in einem Portfolio hängt von dem Markt ab. Während der Altseason sollten 80-90% in Altcoins stecken, da diese sowohl in USD, als auch in BTC Wert steigen. In anderen Situationen solltest du viele Altcoins in BTC tauschen, da du in Altcoins meist größere Verluste machst als in Bitcoin. Wenn der Bitcoin fallen sollte, kannst du immer noch deine Position shorten.*

Diese Regeln sollten dich durch die Erstellung deines Portfolios führen. Bedenke, dass es keine genauen Richtlinien gibt, diese hängen von deinem Risiko und Einsatz ab. Es gibt auch Trader, die ihre Portfolios ganz anders aufbauen. Wenn du dich auf das minen von kleinen Coins und das investieren in ICO spezialisieren willst, solltest du deine Strategie natürlich ebenfalls anpassen.

# Risikomanagement

Das Risikomanagement ist ein bekannter Begriff in allen Bereichen der Wirtschaft, doch die wenigsten Privatpersonen wissen wie sie damit umzugehen haben. Wie der Name bereits verrät bedeutet es das Risiko zu verwalten und demnach zu minimieren. Wir werden nun durch die wichtigsten Aspekte des Risikomanagements gehen.

## Stop-Loss

Eine Stop-Loss Order ist immer noch ein hochdiskutiertes Thema, da viele Händler meinen, dass die Umwelt es unmöglich macht. Wir stimmen dieser Einstellung allerdings nicht zu und finden, dass Stop-Loss Order ein wesentlicher Bestandteil des Risikomanagements sind.
Der Hintergrund ist, den Investor vor weiteren Verlusten zu schützen, wenn der Preis sinkt. Es ist eine Grenze die, sobald sie unterschritten wird, einen Verkauf der Position auslöst. Wenn diese gut gesetzt ist, sollte sie zu einem Verlust von ein paar Prozentpunkten führen, was jedoch auch vom Einstieg abhängt.
Das Hauptargument gegen Stop-Loss Order ist die Volatilität des Marktes, sodass diese leicht ausgelöst werden können. Dem können wir bei kleinen Coins zustimmen, da Stop-Loss Order meist falsch genutzt werden. Es ist sehr einfach eine Stop-Loss Order zu setzen, doch spielt ein anderer Faktor ebenfalls eine Rolle – der gute Einstieg.
Stop-Loss Order sollten nahe des Einstiegspreises gesetzt werden, jedoch so niedrig, dass ein Erreichen dieses Wertes einen größeren Abwärtstrend voraussagen würde. Diese Preise liegen, wie du aus dem TA-Kapitel weißt, unterhalb der Supportlinie.

Eine Stop-Loss Order wäre nicht möglich, wenn wir einen schlechten Einstieg gewählt hätten. Du solltest niemals eine solche Order basierend auf dem setzen, was du bereit bist zu verlieren. Diese Methode wäre sehr schlecht, da der Preis zwischen der Support und Resistance Linie schwankt.

Auf vielen Börsen ist es leider unmöglich Stop-Loss Order zu setzen. In diesem Fall raten wir dir Alarme (z.b. in der App Blockfolio) zu setzen, um schnell reagieren zu können. Es ist nicht so effektiv, da der Preis meist bereits im Fall ist, doch es gibt dir zumindest die Möglichkeit zu reagieren.

| Percent Loss Drawdown vs. Percent to Recover ||
|---|---|
| % Loss of Capital | % of Gain Required to Recoup Loss |
| 10% | 11.11% |
| 20% | 25% |
| 30% | 42.85% |
| 40% | 66.66% |
| 50% | 100% |
| 60% | 150% |
| 70% | 233% |
| 80% | 400% |
| 90% | 900% |
| 100% | broke |

(https://www.anirudhsethireport.com/why-risk-per-trade-is-so-important-percent-loss-drawdown-vs-percent-to-recover/)

*Hier siehst du den Grund weshalb es so wichtig ist sich vor Verlusten zu schützen. Viele Trades fallen um über 90% und erholen sich nie wieder. Die Tabelle zeigt an wie viel du Gewinn du erwirtschaften müsstest (rechts), um deinen Verlust (links) auszugleichen.*

Wir werden später in diesem Kapitel sehen, wie Kryptowährungen und der Markt manipuliert werden. Es kommt vor, dass der Markt mit dem Ziel manipuliert wird, alle Stop-Loss Order auszulösen. Dies ist einer der Nachteile der Stop-Loss Order, jedoch sind kleine Verluste rational gesehen leichter zu rechtfertigen, als Totalausfälle.

## Größe der Position

Das Kapital, was in einen Coin investiert wird, sollte sehr stark von dem Risiko abhängen. Es ist offensichtlich das du nicht denselben Betrag in eine kleine Kryptowährung stecken solltest, wie in eine große. Eine alte Regel besagt, riskiere niemals mehr als 1-2%.

1-2% zu riskieren heißt nicht, dass du nur so viel von deinem Portfolio risikoreich anlegen solltest. Es bedeutet, dass dies der Betrag ist, den du bereit sein solltest zu verlieren. Lass uns dir den Unterschied anhand von @CryptoRedPill's Beispiel zeigen.

*Sagen wir dein Handelsbudget ist 100.000$.*
*2% hiervon wären 2000$.*
*So solltest du den Handel mit einer Stop-Loss Order 8% unter deinem Einstieg absichern.*
*Jetzt stellt sich die Frage von was 8% 2000$ sind.*
*Die Antwort ist 25.000$.*
*Das bedeutet, wenn du 25.000$ investierst nutzt du 25% deines Portfolios, jedoch riskierst du nur 2%.*

Wie du siehst sind die 1-2% nicht der Betrag, den du investieren solltest. Bei kleinen Coins arbeitet man im Normalfall ohne Stop-Loss Order, hier würde die gesamte Investition 1-2% betragen, da es keine Möglichkeit gibt das Risiko zu begrenzen.

## *Verluste verzeichnen*

Unsere Lieblingsregel ist, verzeichne deine Verluste sofort und lass deine Gewinne wachsen. Habe keine Angst davor deine Position zu verkaufen, wenn du das Gefühl hast, die Verluste könnten noch größer werden (basierend auf TA, Ende des Marktzyklus, FUD).

Die Menschen tendieren dazu HODL zu sagen, immer wenn ihre Positionen im Minus sind. Dies sagt jedoch mehr über die Unfähigkeit des Traders aus, als über eine richtige Strategie. Es gibt nicht einen einzigen Grund seine Werte durch einen Abwärtstrend zu halten. Den Coin zu halten ist nicht nur mit den Verlusten direkt verbunden, sondern auch mit den verpassten Opportunitätskosten (du hättest das Geld in der Zeit in ein anderes Projekt investieren können).

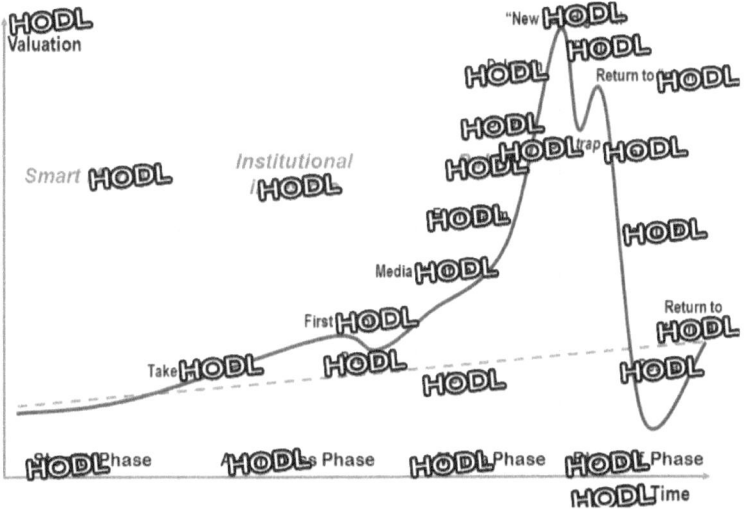

*Dies ist eine humoristische Darstellung, die leider von sehr vielen Leuten praktiziert wird. Verwechsle diese Art des Kaufens und Haltens nicht mit einem Investor. Da diese Person voraussichtlich keine Marktkreisläufe kennt.*

Auf der anderen Seite solltest du deinen Coin laufen lassen, sollte es zu einem Aufschwung kommen. Wie bereits erwähnt ist es wichtig Gewinne auf dem Weg nach oben zu realisieren, jedoch ist es schwer die genaue Spitze vorherzusagen. Daher immer an deine Moon Bags denken.

*Ein gutes Beispiel hierfür war unser Handel mit XRB in 2017. Von 10 Cents stieg der Preis bis zu 3 Dollar, also um das 30-Fache. Wir verkauften den größten Teil, doch behielten 20%. Zu unserer Überraschung endete der Weg von XRB bei 30$. So konnten wir zusätzlich mit 20% weitere 300x erreichen.*

Überhandeln
Dies ist wahrscheinlich eines der größten Probleme für neue Trader. Wenn du so viele gute Coins auf dem Markt siehst, die alle steigen, fühlst du dich als müsstest du alle besitzen. In der Realität jedoch ist es unmöglich und dieses Bedürfnis bereitet dir auf lange Sicht nur Kopfschmerzen. Du musst geduldig sein und deinen frühen Einstieg langsam an Wert wachsen lassen. Einen Coin für ein paar Tage und 100-200% zu halten ist wesentlich einfacher, als täglich mit sehr vielen Coins 10-15% zu erreichen. Und doch machen es viele Leute anders.

Desto schnell du realisierst, dass du nicht jeden Hype kaufen kannst, desto schneller lernst du Geld zu verdienen. Deine Positionen zu veräußern, bevor sie sich rentieren resultiert in zwei Möglichkeiten.

1) Du verlässt deinen Coin bevor er steigen kann.
2) Du steigst in einen neuen Coin ein und verpasst einen guten Einstieg.

Wir können nicht oft genug betonen wie wichtig das Selbstvertrauen in deine Investments ist. Steige niemals in ein Projekt ein, dass gerade eine große grüne Kerze hinter sich hat, egal wie gut das Projekt ist. Es wäre besser die Gelegenheit zu verpassen, als große Verluste zu riskieren. Nicht zu Überhandeln gibt dir mehr Zeit und ist nicht so Nerven aufreibend.

<u>Auf Shills hereinfallen</u>
Jede Entscheidung, die du fällst sollte von dir kommen und zu dir passen. Du kannst dich von anderen Tradern inspirieren lassen, diese sollten jedoch niemals der entscheidende Faktor in einem Handel sein. In der Kryptowelt gibt es viele, die versuchen Ihre eigenen Coins zu shillen, doch du solltest schnell lernen zu widerstehen. Niemand trägt die Verantwortung für deine Taten außer dir selbst, genauso ist es beim Traden.

# *Arbitrage*

Eine weitere Handelsmöglichkeit ist die sogenannte Arbitrage zu nutzen, im Vergleich zu anderen Handelsvarianten ist diese mit einem geringeren Risiko verbunden. Arbitrage bedeutet das ein und derselbe Artikel an zwei unterschiedlichen Börsen, zu zwei unterschiedlichen Preisen, gehandelt wird. Die Idee ist auf der einen niedriger zu kaufen und auf der anderen höher zu verkaufen.

Von der Arbitrage zu profitieren ist sehr schwierig. Wir würden dir es nicht empfehlen, da das Handeln viel bessere Profite abwirft und die Gelegenheiten oftmals schnell hinfällig werden. Die Cointransfers dauern meist einige Zeit und die Preisdifferenz ist meist vorbei bevor du reagieren kannst.

Selbst wenn du es schaffst die Coins rechtzeitig zu transferieren, hängt der Preisunterschied meist von der niedrigen Liquidität der einen Börse ab. Das heißt, um zu verkaufen musst du deine Preise anpassen, was deine Profite schmälert. Du kannst natürlich daraufsetzen, dass deine Sell-Order erfüllt werden, doch auch dies ist wieder mit einem Risiko verbunden.

Diese „Spiele" lohnen sich selten, da die Differenzen selten über 10% gehen, was im Krypto Markt nicht viel ist.
Die beste Arbitrage Gelegenheit liegt meist zwischen multinationalen Börsen. Sehr oft unterscheiden sich die asiatischen Preise von den europäischen Preisen. Da wir diese Taktik noch nie verfolgt haben, fokussieren wir uns mehr auf das Handeln selbst.

## *Handeln mit Hebeln*

Wenn wir von sogenannten „Margin Trading" reden, das Hebel nutzt, müssen wir zuallererst betonen, dass diese Art des Handelns extrem riskant ist und sehr viel Erfahrung benötigt. Dies ist keine Anfängermethode, da ein sehr gutes TA Verständnis von Nöten ist. Es ist sehr verlockend, da die Gewinne den Wert deines Portfolios übersteigen können, doch haben die wenigsten damit Erfolg.

Das Handeln mit Hebeln bedeutet, dass du entweder Short oder Long mit deiner Position gehst. Danach nutzt du einen Vertrag (in dem ein Vertrag einem Dollar entspricht) und setzt auf eine der beiden Alternativen. Sich für Long zu entscheiden ist das gleiche wie ein „normaler" Handel – du versuchst möglichst tief zu kaufen und hoch zu verkaufen. Short bedeutet das genaue Gegenteil – du versuchst ganz oben zu kaufen und versuchst sie nahe des Bodens abzustoßen.

Der Hebel ist, der der den Handel so lukrative macht. Abhängig von der Plattform, kannst du einen Hebel von bis zu 200x wählen, was nichts anderes als Wetten ist. (Alles über 25 entspricht mehr der Lotterie als einem Handel.) Diese Variante erlaubt es dir, mehr Geld zu setzen als du besitzt. Lass uns ein kleines Beispiel anschauen.

*Sagen wir du hast 1000$ und würdest gerne Long gehen, das bedeutet du kaufst 1000 Verträge zu einem bestimmten Preis. Wenn du dich für einen Hebel entscheidest, kannst du mehr Verträge kaufen. Das heißt ein Hebel von 5x ermöglicht es dir 5000 Verträge zu kaufen und einer von 100x 100.000, auch wenn du nur 1000 besitzt. Dein Gewinn wird an der Anzahl der Verträge gemessen, d.h. bei 10% ohne Hebel hättest du 100$ verdient und bei 10% mit einem Hebel von 100x, 10.000$.*

Das ist der Grund warum Margin Trading so beliebt ist, ABER auch sehr süchtig machen kann. Diese Gelegenheit kommt nicht umsonst! Es ist einfacher „liquidiert" zu werden, als zu gewinnen.

Liquidiert werden bedeutet, dass die Plattform deine gesamte Position nimmt (das heißt du verlierst alles.). Dies passiert sobald du Long gehst und deine Endposition unterhalb deines Einstiegs ist oder wenn du Short gehst und deine Endposition oberhalb deines Einstiegs liegt. Der Hebel sorgt nämlich auch dafür, dass du dein Geld auch schneller verlieren kannst.

*Wenn du den selben Trade gemacht hast, jedoch auf die falsche Prognose gesetzt hast, verlierst du ohne Hebel 10%, d.h. 100$ von deinen 1000$. Wenn du, sagen wir einen Hebel von 10x genommen hast, verlierst du 10% von 10.000$, also 1000$.*

Das Handeln mit Hebeln ist nicht nur für unerfahrene Händler riskant, auch für erfahrene. Im Krypto Markt noch mehr, da hier wie schon so oft erwähnt, vermehrt Marktmanipulationen vorkommen.

*Dies ist eine 5-Minuten Kerze, die eine 750$ Bewegung beschreibt, währenddessen wurden viele Hebeltrades umgesetzt. Dies ist kein Einzelfall und kann oft passieren, da die Volatilität extrem hoch sein kann, wie oben zu sehen ist.*

Wie du siehst ist das Risiko/Verdienst Verhältnis sehr stark abhängig von Einflüssen, die du nicht nachvollziehen oder vorhersagen kannst. Solltest du dich trotz des immensen Risikos dafür entscheiden einen solchen Trade durchzuführen, empfehlen wir dir niemals einen größeren Hebel als 5x zu nehmen und die bereits gelernten Trading Regeln anzuwenden – Stop-Loss, keine überproportionalen Positionen und Gewinnmitnahme.

Am Ende des nächsten Kapitels werden wir einige Tutorials und Guides listen, die dir eine visualisierte Erklärung zu Bitmex geben. Du solltest dir diese auf jeden Fall anschauen bevor du aktiv wirst. Wir haben mit diesem Thema bereits unsere Erfahrungen gemacht und können bestätigen, dass diese Handel sehr leicht süchtig machen können, sodass es unmöglich scheint die Charts zu schließen.

Die behandelten Punkte sollten ausreichen, um aus dir einen finanziell gebildeten Trader zu machen. Als kleinen Spickzettel haben wir dir die wichtigsten Tipps nochmals zusammengefasst. Dies sind die essentiellen Grundlagen, dank denen wir und unsere befreundeten Trader erfolgreich wirtschaften konnten.

## *Trading Tipps*

- Investiere niemals mehr als du verlieren kannst. Es scheint offensichtlich zu sein, doch wir haben schon oft mit Menschen geredet, die in einem Bärenmarkt tief verschuldet waren.

- Sei bescheiden. Halte dich nicht für Gott nur weil du einen Aufschwung gekauft hast. Jeder kann ein x10 erreichen in der Altseason. Höre nie auf zu lernen und verstehe, dass es schwer ist die Profite zu halten, nicht sie zu bekommen.
- Die FA zeigt dir was du kaufen solltest, aber die TA zeigt dir wann.

- Um Erfahrungen zu machen musst du auch Verluste verkraften können. Nur auf diesem Weg wirst du eine durchdachte Strategie anwenden. Gebe niemals auf, auch wenn du keine gute Phase hast.

- Dein Ziel muss es sein IMMER den Markt zu übertreffen. Wenn dein Coin andeutet in USD Wert zu steigen, jedoch in BTC zu fallen, heißt das du verlierst. Du wärst erfolgreicher, wenn du nur BTC hältst. Sei flexibel in deiner Strategie, um gegen den Markt zu gewinnen.
- Die Mehrheit ist meistens falsch. Versuche gegen die Öffentlichkeit zu traden – wenn jeder denkt ein Coin wird zum Moon gehen, wird er es wahrscheinlich nicht. Für jeden gewinnenden Trade, gibt es auch einen verlierenden. Um dies zu erreichen musst du die meisten Trader übertreffen und sich nicht ihnen anschließen.

- Betrachte immer das große Ganze. Wenn du einen kleinen Rückschlag hast, zoome raus und analysiere die Gesamtbewegung. Der wartende wird belohnt.

- Verliebe dich niemals in deine Investments. Du bist hier um Geld zu verdienen, halte dich an die Graphen und nicht an deine Zuneigung zu einem Projekt.

- Habe keine Angst davor Gewinne mitzunehmen. Anstatt einen neuen Verge zu suchen und den einen x100 zu suchen, kombiniere lieber ein paar x4, x5, x5.

- Höre dir die Ideen von anderen Leuten an, aber folge ihnen nicht blind. Wenn du nicht in der Lage bist zu handeln, ohne dass dir jemand seine Bestätigung ausdrückt, bist du nicht bereit zu handeln.

- Wenn du emotional wirst während des Handelns, solltest du dein Risikomanagement überprüfen. Wir empfehlen zuerst auf dem Papier zu traden (ohne echtes Geld), um sich an den Entscheidungsprozess zu gewöhnen.

- Verstehe die Emotionen, die den Markt steuern. Lass dich nicht von ihnen beherrschen. Ein Tradingtagebuch hilft dir dabei deine Emotionen zu kontrollieren.

- Der Einstieg ist wichtiger, als der Anstieg. Es ist besser einen Aufschwung zu verpassen, als bei der kleinsten Korrektur im Minus zu sein.

## *Kryptosphere*

In diesem Kapitel werden wir uns mit allem rund um die Kryptowelt beschäftigen, das nicht in die bisherigen Kapitel gepasst hat. Da die Technologie sehr jung ist, ist die Community im Allgemeinen sehr klein. Wir werden hier über nützliche Werkezuge reden sowie die Beschreibung der besten Börsen und dir zeigen wie du es schaffst, dass Kryptowährungen nicht dein Leben bestimmen.

## *Vertrauen in die Kryptogemeinde*

Manche Menschen sagen, dass Kryptowährungen die beste Werteverteilung hat, seitdem es Geld gibt und dem ist schwer zu widersprechen, wenn man 20-Jährige sieht deren Leben sich komplett verändert haben. Das Leben der „jungen Menschen" spielt sich fast ausschließlich in der Social Media Welt ab und genauso tun es Kryptowährungen. Diese Plattformen heißen Facebook, Reddit und am wichtigsten Twitter.

Neben diesen gibt es natürlich noch die privaten Telegramgruppen und die auf Discord.
Ein Konto bei diesen Messengern zu haben ist essentiell um eine breite Recherche zu vollziehen. Hier findest du am meisten über Gerüchte, Ideen und News. Auch Twitter ist was die Kryptowelt angeht ein gefragter Ort und wir würden dir empfehlen dort aktiv zu werden. Neben der „ernsten" Recherche, hast du dort auch viel Spaß mit Gleichgesinnten, was nicht zu unterschätzen ist!
Die steigende Popularität von Kryptowährungen auf diesen Social Media Seiten führt dazu, dass sehr einflussreiche Influencer sehr wichtig werden. Wir können dies aus Erfahrung sagen, da einer von uns ebenfalls einen sehr großen Account hat. Die meisten dieser großen Influencer sind anonym hinter Comicbildern, aber lass dich davon nicht verunsichern, das ist normal. Es ist wahrscheinlich sogar der einzige Platz auf dieser Erde, wo sich Multi-millionäre hinter Comicbildern verstecken, während sie in Kontakt mit bekannten Unternehmern oder Stars sind. Dies hat zur Folge, dass der Markt auf verschiedene Weisen manipuliert werden kann.

*Einen großen Account zu haben (Ungefähr ab 20k Follower auf Twitter) ermöglicht es ihnen kleine Märkte zu bewegen. Ich, der einen Account mit ungefähr 18k Followern hat, verursachte bereits 10-20% Pumps, obwohl dies gar nicht meine Intention war. Es gibt Profile mit 50/100/150 Tausend Followern, die riesige Wellen schlagen, wenn sie einen Coin erwähnen.*

Daher kommt es vor, dass viele versuchen eine „Marke" darauf aufzubauen, was den Personen viele Vorteile bringt. Nicht nur die Hilfe, die man bekommt, da viele Follower ihre Ergebnisse mit ihnen teilen. Jedoch bietet dies auch die Möglichkeit Geld zu verdienen, was wahrscheinlich die größte Gefahr ist, vor der wir dich warnen wollen.

Eine Persönlichkeit auf Twitter zu sein gibt dir nicht nur die Möglichkeit den Markt zu beeinflussen, sondern zieht auch Unternehmen an, die dir für eine Beeinflussung Geld anbieten. (Normalerweise ICOs) Da wir über Geld reden und dieses bekanntlich die Welt regiert, sollte es dich nicht überraschen, dass viele Leute diese Angebote annehmen.

Leider ist dies eine häufig praktizierte Taktik, daher solltest du immer deine eigene Recherche durchführen und dies im Hinterkopf behalten.
Twitter ist bekannt dafür Coins zu shillen und später den mit den Erfolgen zu prahlen. Auch andere Social Channels sind eine großartige Möglichkeit Informationen zu sammeln, aber beachte immer eine Regel, traue niemandem. Wenn du dich nicht wohl dabei fühlst deine Investmententscheidungen basierend auf deinem Wissen zu treffen und die Bestätigung von anderen brauchst bist du noch nicht bereit zu handeln.

*Ich kenne viele Trader, die für Geld arbeiten und die Konsequenzen der Leute in Kauf nehmen. Erst kürzlich nach einem 3-monatigen Abwärtstrend (März 2018), gab es hunderte und tausende Menschen die Trader attackiert haben, da sie ihnen Investmenttipps und ICOs gaben, die später um 80% zurück gingen.*

Nach dieser kleinen Wutrede sollten wir uns die Frage stellen wer glaubwürdig ist in dieser Kryptowelt. Natürlich gibt es viele ehrliche Leute in dieser Kryptowelt, doch wie kannst du von allem profitieren?

- Lerne die Charts. Wie bereits in dem TA Kapitel erwähnt, gibt es nicht den einen Weg eine TA durchzuführen, da jeder seine eigenen Favoriten hat. Mit möglichst vielen Tradern zu reden, die verschiedene Taktiken verfolgen, kann dir dabei helfen besser zu werden. Überprüfe für dich welche Indikatoren am meisten bringen und kombiniere sie mit deinen Handelsideen, so kannst du verschiedene Blickwinkel annehmen und schauen wie du einen Coin handelst.

- Schaue nach unbekannten Tickern – suche dich durch zufällige Verläufe und nach Leuten die Coins shillen. Du wärst überrascht wie oft gewinnbringende Coins in Verläufen zu finden sind, bevor sie von großen Tradern aufgegriffen werden. Falle niemals auf den Shill rein, mache dir immer dein eigenes Bild, vielleicht ist ein guter Coin dabei.

- Erstelle eine Gruppe – einer alleine kann nur die Recherche und die TA machen, doch neue Ideen oder Hilfe erhältst du nur von anderen. Es erspart dir nicht nur Arbeit in Gruppen zu arbeiten, es zeigt dir womöglich auch neue Alternativen auf und unterstützt dich in dem, wo du nicht so gut bist.

- Sei immer „Up to date" – wenn du dich mit den nahenden Events beschäftigst, wirst du auch Shill früher erkennen.

Eine letzte Sache wollen wir erwähnen und zwar „Bezahlgruppen". Es ist ein häufiges Verfahren, dass Trader in einem Bullmarkt, kostenpflichtige Signalgruppen eröffnen. (Hier zahlst du einen monatlichen Beitrag und dein „Guru" erzählt dir was du kaufen sollst.)

Wir verstehen natürlich, dass es für diesen Service eine große Nachfrage gibt, da nicht jeder Zeit hat sich vollends mit diesem Thema auseinanderzusetzen. Doch können wir aus den letzten zwei großen Alt Seasons sagen, diese Gruppen lohnen sich nicht. Während eines Bullmarktes können sogar blinde Auswahlen 50%-100% Profit bringen. (Dies ist tatsächlich keine Übertreibung, da der Krypto Markt manchmal sehr irrational ist.)
*Wir haben ein paar von Ihnen studiert, um ein besseres Urteil fällen zu können. Erfolgreiche gute Trader können den Markt immer übertreffen – keine Frage. Die Sache wird jedoch interessant, wenn der Bullmarkt stockt und eine Rezession kommt. Wir haben Gruppen gesehen die 70% Verlust fuhren und die Gruppenleiter nicht in der Lage waren dies zu verhindern. Das liegt unter anderem daran, dass keine dieser Gruppen den Mitgliedern auch nur irgendetwas beibrachte.*

Wir können die Gruppen, die sich teilweise gelohnt haben, an einer Hand abzählen. Wenn du trotzdem solchen Gruppen beitreten willst, sprich zuerst mit Mitgliedern und lasse dir Erfahrungsberichte geben. Zu wissen wie man handelt bringt dir nicht nur jetzt schnelle Profite, sondern wird auch wertvolles Wissen für die Zukunft, da auch Aktien ähnlich gehandelt werden. Das Handeln erfordert große Selbstkontrolle und Geduld, dies kann nicht erreicht werden indem man Tipps von anderen folgt.

## *Marktmanipulationen*

Da der Krypto Markt in den meisten Fällen eine geringe Liquidität hat (verglichen mit anderen Märkten) ist es sehr einfach diesen zu manipulieren. Dies wurde zu einer häufig benutzten Ausrede vieler Trader, die ihre nicht eingetretenen Tipps auf Marktmanipulationen von Walen schoben. (Was wie du dir bestimmt denkst in den seltensten Fällen tatsächlich der Hintergrund war.) Jedoch kommt es schon vor, dass Wale den Markt manipulieren, daher ist es extrem wichtig zu wissen wie du diese Situation vermeiden kannst auf der „falschen Seite" des Trades zu stehen.

*Ironischer weise wurde, während dieses Kapitel geschrieben wurde, versucht einen Markt zu manipulieren. Die Gruppe von bekannten Tradern versuchte den Markt von Haven (HXV), ein Coin mit einer kleinen Marktkapitalisierung von 1 Millionen, zu kontrollieren. Der Plan war, ungefähr 20-25% des totalen Angebots OTC (Over the Counter, also abseits von Börsen) zu kaufen und den Coin auf verschiedenen Plattformen zu shillen, um später extreme Gewinne mitnehmen zu können. Der Plan schlug jedoch fehl, da sie sich nicht gut genug organisiert hatten und einer der Trader das Vorhaben veröffentlichte. Dies zeigt, dass sogar bekannte und respektierte Trader sich oftmals zu solch zwielichtigen Geschäften hinreißen lassen.*

Es gibt sogar eine Diskussion darüber, wie sehr der Bitcoin manipuliert ist, doch hierzu gibt es nur wilde Verschwörungstheorien, welche wir an dieser Stelle einmal ausblenden.

# *Pattern Fake-Outs*

Wie wir bereits in dem TA Kapitel gesehen haben, tendieren Kryptowährungen dazu Preisbewegungen zu folgen, daher ist es einfach für „Market Makers" (Leute, die den Markt manipulieren), die Stop-loss Order auszulösen. Da viele Trader ihre Stop-loss unterhalb einer Support ansetzen, wird der Preis oft dahingehend manipuliert. Dies wird erreicht indem der Preis nach unten ein „Fake-out" hat und anschließend den Trend nach oben beginnt.

Das gleiche gibt es auch anders herum. Trader, die darauf warten, dass der Preis nach oben ausbricht, kaufen den Anstieg. Dies wird von den Market Makers zugelassen, doch verkaufen diese große Mengen kurz nachdem die Nachfrage gestiegen ist.

Es ist verhältnismäßig einfach beide Situationen zu vermeiden. Für den ersten Fall solltest du deine Stop-Loss Order nicht direkt an der Support, sondern ein wenig darunter ansetzen. Auf diesem Weg bist du vor Fake-outs geschützt und trotzdem gegen einen Absturz gesichert.

Bei der zweiten Variante solltest du das Volumen kontrollieren, welches mit dem Preis deutlich zugenommen haben sollte. Wenn das Volumen niedrig ist, warte ab, ob ein gegenläufiger Trend einsetzt.

## *Preisunterdrückung*

Dies ist in den meisten Fällen ein guter Prozess für die Preisentwicklung, da hier Wale Coins anhäufen. Die Preisunterdrückung kann bei den Kerzen sehr gut sichtbar sein, doch meistens nutzen wir das Order Book, um diese zu erkennen.

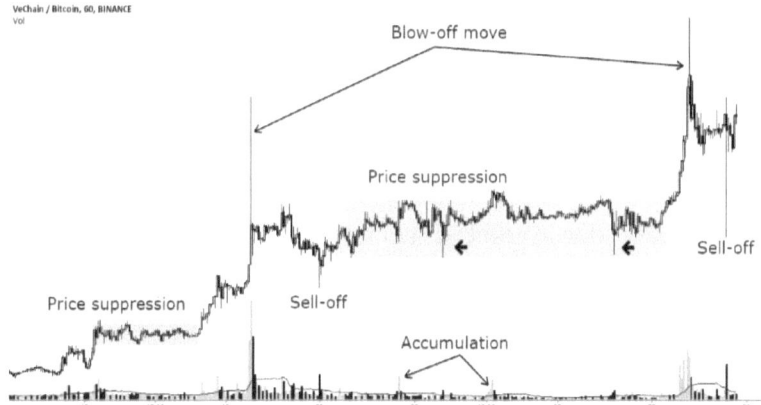

Eine große Buy/Sell Wall im Order Book sind Möglichkeiten die Marktbewegung zu beeinflussen. Wenn du diese siehst, geben diese dir meist Indizien, was du tun solltest. Dies sieht meist so aus:

- Sell Wall – der Market Maker erstellt eine große „Wand" auf der Verkaufsseite, um potenzielle Käufer abzuschrecken und tiefere Preise zu provozieren. Die Leute denken, es gäbe keine Chance diese Wand aufzukaufen und verkaufen daher ihre Positionen davor.

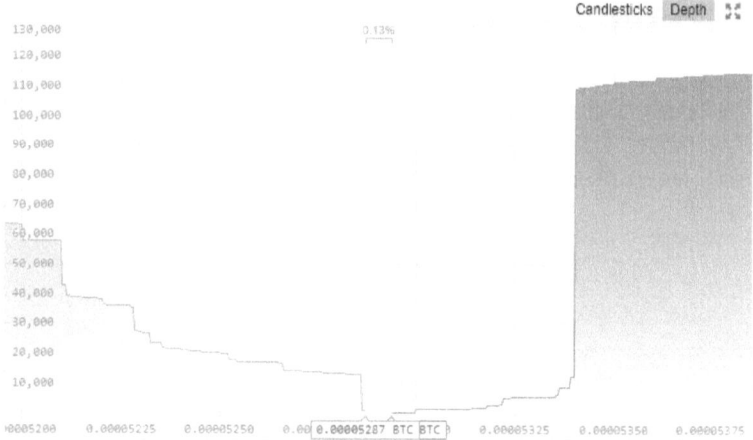

- Buy Wall – der Market Maker erstellt eine große „Wand" auf der Kaufseite, um den Käufern mehr Selbstbewusstsein zu geben. Dies ermöglicht ihnen bei höheren Geboten zu verkaufen, da die Trader selbstbewusst sind.

Wenn du dich über einen richtigen Support freuen willst, stelle sicher, dass die Gebote gut verstreut sind und logische Level enthalten (nahe der Support Linie). Auf eine große Order zu vertrauen kann schnell nach hinten los gehen. Das gilt auch andersrum, wenn dir auffällt, dass eine Sell Wall von Market Makers erstellt wurde, ist dies ein Zeichen, dass sie Interesse an diesem Coin haben. Sollte es kein zu großes Ungleichgewicht zwischen der Kauf- und Verkaufsseite geben, gerate nicht in Panik.

## *News Manipulationen*

Wenn du jemals in einem Bullmarkt, sowie einem Bärenmarkt gehandelt hast ist dir bestimmt schon aufgefallen, dass die Aktivität die Entwickler während eines Bullmarktes sehr hoch ist und während eines Abwärtstrends nicht vorhanden ist. Es ist kein Zufall das die meisten News während einer Aufwärtsbewegung des Marktes veröffentlicht werde, da das Team versucht zu viel wie möglich von der Marktbewegung zu profitieren. Die wahre Manipulation kommt jedoch nicht von dem Team selbst, sondern von den Leuten, die sich für dieses interessieren.
In einem Markt mit geringer Liquidität kann ein einzelner Tweet einen Coin bewegen. In Bezug auf die News, haben wir es entweder mit einem Gerücht („buy the rumour, sell the news") oder FUD zu tun. Es ist schwierig den Hintergrund der Gerüchte zu erfahren, ob es eine organisierte Aktion von Walen oder eine zufällige Person ist, die den Preis nach oben drücken will, die Ergebnisse sind oft sehr ähnlich.
*Erst kürzlich kam Dragonchain DRGN (mit ungefähr 260m Marktkapitalisierung) in die News, da Gerüchte besagten, sie würden bald bei Bittrex gelistet werden (einer der größten Börsen). Die Quelle dieses Gerüchts war ein einziger Tweet von einem unbekannten Konto, der sehr schnell von bekannten Tradern aufgegriffen wurde – allein diese Aktion lies den Preis um 15% stiegen. Wie zu erwarten war, war das Gerücht falsch und die Börse listete DRGN nicht.*

*Das zuvor erwähnte Projekt Nucleus Vision war ebenfalls von einer Person manipuliert worden. Alles fing mit einem Twitter Profil an, dass eine Konversation mit großen Modemarken veröffentlichte, in dem diese bestritten irgendetwas mit Nucleus Vision zu tun zu haben. Der Preis wurde massiv beeinflusst, obwohl niemand wusste, ob die Konversation echt war. Dieser eine Screenshot manipulierte den Preis eines 150m Dollar Projekts, lediglich mit einem Gerücht.*

Wie du siehst können selbst sehr kleine Profile den Markt beeinflussen. Ob hinter einem Gerücht eine gute Quelle oder ein Versehen steht ist in den meisten Fällen irrelevant, wie du siehst ist es verhältnismäßig einfach den Markt mit Gerüchten zu manipulieren. Das wichtige für dich ist zu wissen, dass du nicht allen Nachrichten trauen kannst und selbst evaluieren musst, ob es ein guter Einstiegspunkt ist, oder es Zeit ist sich aus dem Projekt zurückzuziehen.

## *Einfluss aufs Leben*

Dieses Thema wird unter Krypto Investoren erstaunlich selten angesprochen, doch klagen viele über den hohen Zeitaufwand. Da Kryptowährungen niemals schlafen (Börsen handeln 24/7), passiert immer etwas.

Einen objektiven Verstand zu haben ist mit einem gesunden Lebensstyle verbunden. So lustig Witze über Trader sind, die nie den Keller daheim verlassen, so erschreckend ist es doch zugleich, da viele Trader diese Angewohnheit haben. Grund dafür sind unter anderem die Zeitverschiebungen auf der Welt.

Die Kryptowelt kann sehr einnehmend sein, wenn du dir keine Grenzen setzt, daher empfehlen wir dir folgende Ratschläge zu beherzigen.

- Verbringe nicht zu viel Zeit vor dem Computer – schaue dir regelmäßig die Graphen an, aber mache auch Pausen, um deinen Verstand frisch zu halten.

- Habe einen normalen Tagesablauf – nur weil Krypto Märkte 24/7 arbeiten, heißt das nicht, dass du auch online sein musst. Der Markt bleibt verfügbar, auch wenn du einen Tag nicht online gehst.
- Vernachlässige dich selbst nicht – lebe gesund und schlafe genug. Die physische Verfassung ist sehr wichtig, nicht nur für das Traden.

- Kümmere dich um deinen Verstand – nehme Auszeiten und entspann dich. Mit Geld zu „spielen" oder „wetten" kann sehr nervenaufreibend sein, was auf Dauer nicht nur dein Handeln beeinflusst.

- Krypto Zeit ist nicht gleich Freizeit – der Markt kann sehr spannend sein und man kann dort leicht Stunden verbringen, doch achte darauf Freizeit zu haben abseits der Kryptowährungen.

Du denkst dir wahrscheinlich, dass die sehr einfache und triviale „Regeln" sind, doch wenn du noch nie in diesen Märkten aktive warst, weißt du nicht wie hoch der „Suchtfaktor" ist. Viel Geld zu verdienen blendet den rationalen Verstand aus. Eine gute Strategie vermeidet, dass du emotional beeinflusst wirst und dies Auswirkungen auf dich und dein Leben hat.

## *Exchanges (Börsen)*

Die folgende Erklärung bezieht sich auf den aktuellen Stand der Dinge (April 2018). Hier geben wir dir eine objektive Übersicht über die meisten Börsen, auf denen du handeln kannst. Die folgenden Exchanges wurden von uns ausgewählt, da sie sich gut für das Handeln von Altcoins eignen. (Es gibt noch viele weitere Börsen, doch haben wir diese aus verschiedenen Gründen nicht ausgewählt.) Außerdem empfehlen wir die Charts auf externen Seiten zu analysieren, da diese mehr Werkezeuge anbieten, als die Börsen.

Bevor wir dir die besten Börsen vorstellen, wollen wir dir kurz erklären was „Reflinks" sind. Ein Reflink ist eine Einladung zu einer Plattform (Person A ist auf einer Plattform registriert und lädt Person B ein. Person B kann sich mit diesem Link registrieren. Während es keine negativen Auswirkungen auf B hat (meist bekommt B auch einen Bonus), bekommt A eine Belohnung von der Börse).

Auf vielen Börsen bekommt sowohl der Eingeladene, als auch der Einladende eine Belohnung oder verringerte Gebühren. Wenn du uns und unsere Arbeit unterstützen möchtest, kannst du die unten aufgeführten Reflinks zur Registrierung nutzen. Wir danken dir im Vorfeld für jegliche Art der Unterstützung.

## *Große Exchanges*

Binance – mittlerweile (April 2018) die größte Börse mit dem höchsten Volumen. Sie hatte einen rasanten Aufstieg, innerhalb eines Jahres wurde sie zur beliebtesten Exchange. Binance bietet eine gute Auswahl an Coins die, aufgrund von hohen Listungsgebühren, meist glaubwürdig sind. (Es kann immer Ausnahmen geben.) Die meisten Coins die gelistet werden sind ICOs und ein paar bereits existierende Kryptowährungen. Die Seite hat ein gutes Management und reagiert schnell auf potenzielle Angriffe. Wir empfehlen ein Konto dort zu haben.

REF: (Ref-ID: 29303036, https://www.binance.com/?ref=29303036)
Bittrex – die ehemals größte Börse vor Binance. Hat die Spitzenposition verloren, da einige Coins ohne Kommentar entfernt wurden und die Registrierungen aufgrund von zu hoher Nachfrage ausgesetzt wurden. Da Bittrex in den USA sitzt arbeiten diese sehr eng mit der SEC zusammen, was eine der strengsten Überwachungen in der Kryptowelt bedeutet. Deshalb werden eher selten neue Coins gelistet. Die Börse ist sehr gut, doch bietet sie hauptsächlich gestandene Coins an, was sie entbehrlich gestaltet. Ehrenhalberweise zu erwähnen ist Poloniex, die die größte Börse vor Bittrex war, die sich momentan in umgestaltungsarbeiten befindet, daher können wir stand jetzt nichts Weiteres dazu sagen.

## *Medium Exchanges*

KuCoin – KuCoin wurde, während des Abwärtstrends (Januar-März 20018), als Friedhof bezeichnet, da fast jeder Coin der dort gelistet war furchtbare Verluste schrieb. Es ist eine neue Exchange, die nahezu alle guten ICO listet. Die Grundlagen der meisten Coins ist sehr gut und bietet viele Einstiegschancen, da diese oft hier gelistet werden, bevor sie zu den großen gehen.

REF: (Ref-ID: **HKe8yy**, https://www.kucoin.com/#/?r=HKe8yy)

Bibox -KuCoins chinesischer Zwilling. Eine sehr neue Exchange, die sehr viele Projekte listet, die der Öffentlichkeit noch unbekannt sind. Die meisten Coins auf Bibox kommen aus China und bietet meist gute alternativen zu beliebten ICOs. Ein guter Ort um nach Coins zu suchen die nicht auf den Standardbörsen gehandelt werden.

REF: (Ref-ID: **11361981**, https://www.bibox.com/signPage?id=11361981&lang=en)

Huobi – Eine Mischung aus KuCoin und Bibox, da diese Börse sowohl ICOs als auch viele chinesische Coins listet. Es ist eine gut geführte Seite, die neue Listungen schnell vollzieht und momentan ein Top 5 Volumen aufweist.

REF: (Ref-ID: **5pwb3**, https://www.huobi.br.com/de-de/topic/invited/?invite_code=5pwb3)

## *Kleine Exchanges*

Cryptopia – eine der bekannteren kleinen Exchanges, die dafür bekannt ist viele „Shitcoin" zu haben. Es ist ein Paradies für Leute, die nach extrem günstigen Coins für Masternodes oder nach guten Einstiegsmöglichkeiten suchen. Jedoch hat die absolute Mehrheit der Coins keinen existierenden Wert. Daher ist diese Exchange of für Pump & Dumps bekannt. Wenn es dir gelingt die ganzen wertlosen Coins auszusortieren sind dort große Schätze zu finden.

REF: https://www.cryptopia.co.nz/Register?referrer=Traderhandbook

CoinExchange – eine weitere Börse, die sehr viele riskante Coins hat, die in vielen Fällen keinen Wert haben. Normalerweise würden wie diese Exchange nicht empfehlen, doch während eines Bullmarktes, werden hier viele gute Geschäfte gemacht. Dies ist allerdings kein geeigneter Ort für regelmäßige Geschäfte, doch mit einer guten Recherche definitiv geeignet für die ein oder andere Short-term Wette.

## *Dezentrale Exchanges*

IDEX – IDEX basiert auf Ethereum, hier hält der Nutzer seinen Private Key. Neben kleinen Unterschieden ist das Handeln das gleiche wie auf zentralen Börsen. Auch die Verwaltung ist überraschend gut (wir hatten negativere Erfahrungen mit EtherDelta). Der Hauptvorteil ist das Tempo in dem neue Coins gelistet werden, da hier neue ICOs wesentlich schneller gelistet werden kann man die ein oder andere „Goldmine" finden. Da hier ausschließlich Token gehandelt werden die auf Ethereum basieren, ist diese Seite der genaue Gegenspieler zu Switcheo, welche die Börse für NEO Token ist.

Cryptobridge – eine weitere dezentrale Exchange, die in den vergangenen Monaten sehr beliebt wurde aufgrund ihres Staking Programms (wenn du BCO Coins hältst und stakest, gibt dieser dir einen Teil der Gebühren, die die Exchange verdient.). Diese Börse ist sicherlich nicht so ausgeklügelt wie IDEX, doch kann man auch hier einige gute Projekte finden. Momentan ist das Handelsvolumen noch gering, da DEXes allerdings an Bedeutung gewinnen, denken wir wird sich dieses Problem bald lösen.

## *Andere*

Coinbase – eine der Nummer 1 Börsen, wenn es darum geht Bitcoin zu kaufen und verkaufen (Es gibt auch andere wie Litecoin und Ethereum). Dies ist keine Plattform um zu handeln und die Gebühren sind relativ hoch. Jeder Coin der hier gelistet wird, wird höchstwahrscheinlich signifikant im Wert steigen.

GDAX – ist theoretisch Coinbase, doch professioneller. Es gibt hier eine verbesserte Optik und wesentlich geringere Gebühren (du musst eine Limit Order erstellen, sodass du nur 0,25% Gebühr zahlst (April 2018) statt der 1,49% auf Coinbase selbst.). Viele kennen diese Möglichkeit nicht, da Coinbase selbst wesentlich angenehmer ist. Um mit GDAX arbeiten zu können, musst du lediglich FIAT Geld auf deinen Coinbase Account laden und dieses dann innerhalb des Systems nach GDAX transferieren. Du kannst dich auf GDAX mit deinem Coinbase Konto anmelden.

REF: https://www.coinbase.com/join/594390c5a5ee750780839912

Bitmex – eine der besten Börsen für das „Margin-Trading". Extrem beliebt unter Tradern, aufgrund der hohen Ref-Link Boni (einen Bonus, den man erhält, wenn andere sich auf deren Empfehlung anmelden). Wie in den vorherigen Kapiteln erwähnt empfehlen wir nicht, mit Hebeln zu arbeiten, außer du bist ein sehr erfahrener Trader, der die TA gut versteht. Lass dich nicht mit verlockenden Versprechen ködern, da diese Trades meist nur für andere gut sind.

REF: https://www.bitmex.com/register/SMlFsf

Bitfinex – eine der größten Exchanges die Margin-Trading anbieten, die auch USD akzeptiert. Im April 2018, gibt es einige negative Nachrichten über diese Börse, da Tether und Bitfinex unter anderem Geldwäsche vorgeworfen wird.

## *Quellen zum Lernen*

Da die Kryptowelt noch recht jung ist, ist es schwer geeignetes Material zu finden, dass neuen Investoren hilft. Mit dem wachsen dieser Welt gibt es neuerdings ein paar gute Quellen, die du zum zusätzlichen Lernen konsultieren kannst. Wie immer im Leben lernt man am besten durch eigene Fehler, doch dieses Buch ist bekanntlich dafür da diese auf ein Minimum zu reduzieren.

## *Wichtige Werkzeuge*

Coingy/TradingView – ein Must-Have für jeden Krypto Trader. Es is eine Seite, die sich hervorragend für Charts eignet. Wir persönlich bevorzugen TradingView, da diese ansprechender gestaltet ist. Coingy ist jedoch nicht großartig anders es ergeben sich 2 grundlegende Unterschiede.

- TradingView – besser Verwaltung, 3 Indikatoren können hier umsonst genutzt werden. Eine große Community die Ideen teilt. Nur Graphen der großen Börsen.

- Coingy – kostenlos für 30 Tage, selbe Werkzeuge wie TradingView, hier gibt es allerdings auch kleine Exchanges, wie Cryptopia.

Blockfolio/Delta – eine App, die dir dabei hilft dein Portfolio zu verwalten. Du kannst hier nicht nur den aktuellen Stand deiner Werte verfolgen, sondern dir auch Alarme stellen, sofern ein Preis über- bzw. unterschritten wird. Achtung hohe Suchtgefahr den Stand minütlich zu aktualisieren, wir kennen das...

https://coinmarketcap.com/ – die Startseite für jeden Krypto Händler. Eine Datenbank mit nahezu allen Kryptowährungen (außer den extrem kleinen) mit Informationen über Marktkapitalisierung, Volumen und anderen Eigenschaften. Hier startest du deine Recherche.

https://coinmarketcal.com/– ein perfektes Werkzeug um ein paar Pumps zu antizipieren. Diese Seite listet alle bekannten nahenden Events. Hier kannst du schauen wann es neues von deinen Investments gibt.

https://bitcointalk.org/ – das größte Kryptowährungsforum dort draußen. Momentan nimmt die Beliebtheit ab, da viele Leute zu Social Media wechseln. Der Mehrwert liegt hier nicht in den Verläufen, sondern den [ANN]s von neuen Coins. Wie in dem FA Kapitel erwähnt, ist dies eine der frühsten Möglichkeiten ein Projekt zu finden.

Social Media – wir empfehlen einen Account bei Twitter oder gelegentlich Reddit, egal welches du bevorzugst, Social Media solltest du immer im Auge behalten. Beachte die Tatsache, dass viele „falsche" Menschen dort unterwegs sind. Umgebe dich mit Leuten, denen du vertraust und suche nach Investoren, die dir neue Ideen bieten können. (Eine Liste von Vorschlägen findest du später.) Vergiss außerdem die Ticker Methode nicht aus dem FA Teil.

ICOBench / ICODrops – diese Seiten listen aktuelle und kommende ICOs. Sie sammeln alle relevanten Informationen wie Reviews, ICO Metriken, Whitepaper usw. Wir empfehlen sich in jeder White List zu registrieren (da der Vorgang nur ein paar Minuten dauert) und man danach den Coin recherchieren kann.

https://coin360.io/ - gibt dir eine Übersicht den Markt nach deinen Vorgaben aufzuteilen. Dieses Werkzeug vereinfacht es dir zu erkennen welche Coins steigen oder ihren Wert halten.

https://etherscan.io/ - eine Seite auf der du die Verteilung der Coins sehen kannst, sowie Metriken wie Angebot. Dies basiert auf Txns oder Ethereums Blockchain. Für andere Blockchains suche nach anderen Seiten (Bitcoin z.B. https://blockchain.info/).

https://airdrops.io/ - eine Seite die dir alle Airdrops listet. Normalerweise sind diese nicht viel wert, doch sie können ein kleines Taschengeld darstellen. Man weiß nie vielleicht wartet das nächste Ontology (ein Airdrop der nach ein paar Wochen 9000$ wert war).

## *Seiten*

https://lopp.net/bitcoin.html
https://www.babypips.com/trading
https://www.investopedia.com/
https://medium.com/tag/cryptocurrency

https://steemit.com/bitcoin/@joseph/wolong-the-game-of-deception-unedited-version
https://t.me/cryptorangutang
https://www.facebook.com/Cryptocurrencies-A-Traders-Handbook-268172493725901/

## CoinMarketCap Alternativen
https://coinlib.io/
https://www.livecoinwatch.com/
https://www.coingecko.com/
https://coincheckup.com/

## *YouTube Kanäle*

Crypto Cred (https://www.youtube.com/channel/UCBaU9NXRPjkLGgJy-M7RPCw)
Josh Olszewicz (https://www.youtube.com/user/carpenoctom)
Coin Bloq (https://www.youtube.com/channel/UCrsEzLxi1oxHr6xW9S5vSzg)
The Cryptonomatron (https://www.youtube.com/channel/UCXdsog7Jzmqo_AUX3zstSLg)
Ivan on Tech (https://www.youtube.com/user/LiljeqvistIvan)
Julian Hosp (https://www.youtube.com/user/julianhosp)

## *Twitter*

Diese Leute unterstützen die Community sehr gut. Wir empfehlen diese zu abonnieren, um zusätzliche Blickwinkel zu erhalten. Beachte, dass dies keine kommerziellen Profile sind, daher kann die Sprache etwas „jugendlich" sein. Wir übernehmen keine Verantwortung für zukünftige Inhalte.

Technical Analysis: @joezabb, @moolaland, @ledgerstatus, @cryptowilson, @CryptoCred, @CryptoTutor, @Beetcoin, @Anbessa100, @CarpeNoctom, @crypto_birb, @AngeloBTC, @crypToBanger, @anambroid, @ThisIsNuse, @overheardcoffee, @CaptainCoinigy, @CryptOrca, @koningkarell, @Broccolex, @cryptoWalk3r,

Fundamental Analysis: @cryptorangutang, @growdigi, @notsofast, @needacoin, @bitcoin_dad, @Sicarious_, @bit_xan, @koreanjewcrypto, @CryptoMaestro, @KRMA_0, @Cryptomickey, @CryptoShillNye, @VerthagOG, @jiucrypto, @cointradernik, @cryptic_monk, @ubiqannbot

## *Das Ende*

Herzlichen Glückwunsch, du hast es durch das gesamte Buch geschafft und den ersten Schritt in eine erfolgreiche Krypto Zukunft getan. Wir wollen dir für deine Aufmerksamkeit und dein Interesse in dieses sehr komplexe Thema danken. Wenn du über unsere Arbeit und unsere Analysen auf dem Laufenden bleiben möchtest, kannst du Marcin Kacperczyk auf Twitter folgen (@CryptOrangutang https://twitter.com/cryptorangutang), unsere Seite bei Facebook liken (Cryptocurrencies – A Trader's Handbook).

In dem letzten Kapitel werden wir dir einige interessante Dinge über Kryptowährungen erzählen. Wir würden uns sehr darüber freuen, wenn du uns deinen Freunden weiterempfiehlst.

Bevor wir jedoch zu dem letzten Teil dieses Buches fortfahren, wollen wir einen Moment innehalten, um einigen Personen zu danken, die uns tatkräftig dabei unterstützt haben dieses Buch zu schreiben.

Wir möchten sowohl Fabian, als auch Julian Möller für die Hilfe danken, dieses Buch zu veröffentlichen.
Wir möchten Nathalie Kratz für dieses großartige Cover danken. Wir sind fest davon überzeugt, dass du eine herausragende Designerin wirst und können dich guten Gewissens weiterempfehlen.

Besonderen Dank gilt es auch Thomas Zell und Haroula Konsta, die uns dabei geholfen haben dieses Buch im Englischen zu korrigieren.

Und Letztlich wollen wir allen danken, die Interesse an diesem Buch und unserer Arbeit hatten.
Nun kommen wir zu einigen interessanten Fakten aus der Kryptowelt, wie bekannten Persönlichkeiten, großen Hacks und weiteren. Viel Spaß!

# *Bekannte Persönlichkeiten*

## *Satoshi Nakamoto*

Eines der wohl größten Geheimnisse in der Kryptowelt ist die Frage wer Satoshi Nakamoto ist. Wir wissen, dass er oder sie der Gründer des Bitcoins ist und in einigen Bitcoin Foren bis 2010 aktiv war.

Seit 2011 haben wir nichts mehr von ihm gehört und die Verschwörungstheorien sind vielzählig. Viele nehmen an, dass er aus Japan stammt.

*(In Japanisch bedeutet Satoshi „klare denken", Naka „innerhalb" oder „Beziehung" und Moto „Herkunft" oder „Beginn".)*

Fakt ist, wir können nicht sagen wer diese Person ist, es könnte auch eine Gruppe sein. Es gibt eine Vielzahl von Vermutungen, basierend auf der Analyse der Sprache etc., doch alle „beschuldigten" wiesen diese Vorwürfe ab. Menschen, die über das Internet mit ihm zusammengearbeitet haben, sagen er sei eine sehr gewissenhafte Person.

Du magst dich fragen, wie vermögend er ist. Dies kann man nicht zu 100% beantworten, doch es wird geschätzt, dass Nakamoto ungefähr 1 Millionen Bitcoin besitzt, die im April 2018 8 Milliarden USD wert waren. Ob er diese Werte jemals nutzen wird oder er bereits verstorben ist kann niemand sagen.

## *Vitalik Buterin*

Die wahrscheinlich zweitbekannteste Person der Kryptowelt ist Vitalik Buterin. Der 24-Jährige (2018) Russe fing mit 10 Jahren an zu programmieren und veröffentlichte mit 19 das „White Paper" zu seiner Kryptowährung Ethereum.
Er bekam die Idee hierzu während er World of Warcraft spielte (ein Spiel, indem Spieler von anderen Gegenstände kaufen können). Er empfand das Bezahlsystem als zu kompliziert und fing so an eine Alternative zu entwickeln. Ethereum ist momentan die zweitgrößte Kryptowährung, mit einem sehr großen Potenzial und Anwendungsmöglichkeiten.

## *John McAfee*

Eine sehr polarisierende Persönlichkeit ist der 72-jährige John McAfee. Der Gründer der McAfee Sicherheitsprogramme, ist ein IT Spezialist aus Großbritannien und einer der großen Köpfe der Programmierer Welt.
Es ist für seine exzentrische Person bekannt und war für sehr lange Zeit Drogenabhängig. Seit den 80ern soll er, nach eigenen Angaben, wieder Clean sein. Doch trotzdem unterhält er die Kryptowelt weiterhin. Er war Hauptverantwortlich für den extremen Hype um Verge (2000%) und ist bekannt dafür Coins zu shillen.

## *Roger Ver („Bitcoin Jesus")*

Roger Ver, eine weitere polarisierende Person ist der Protagonist hier Bitcoin Cash und bekam viel Aufmerksamkeit, als er während eines YouTube Interviews sein Gegenüber beschimpfte, da dieser Bitcoin Cash Bcash nannte. Er behauptet, dass Bitcoin Cash der richtige Bitcoin sei und sagt, dass die Kryptowährungen die wichtigste Erfindung der Menschheit sind seit dem Internet.
Er gab seine US-Amerikanische Staatsbürgerschaft auf und lebt seitdem in Japan. Wenn du einen Eindruck über seine polarisierende Persönlichkeit bekommen möchtest schau dir das Video an.
https://www.youtube.com/watch?v=oCOjCEth6xI

# *Die größten Hacks*

## *Mt. Gox*

Mt. Gox war eine der größten Börsen für Kryptowährungen in der Welt und wurde gleich zweimal verheerend von Hackern attackiert. Die Börse wurde von Jed McCaleb gegründet, derselben Person die Ripple gründete.

Das erste Mal wurde sie im Juni 2011 angegriffen, was einen Schaden von 8.750.000 nach sich zog, da die Hacker in der Lage waren, die Buchhaltung zu manipulieren.

Das zweite Mal, war wesentlich verheerender und ereignete sich im Februar 2014. Dieser Hack ermöglichte es über Jahre unbemerkt Bitcoins abzuleiten, unbeachtet von den Sicherheitsteams der Börse. (Daher sind viele Menschen skeptisch, ob es wirklich ein Hack war oder ein Betrug der Seite.) Ungefähr 750.000 Bitcoins wurden gestohlen.

*Damaliger Wert: 473.000.000$*
*Heutiger Wert (April 2018): 6.800.000.000$*

## *Die DAO Hacker*

Der DAO Hack war einer der größten Hacks und erschütterte die Kryptowelt. Ein DAO ist eine Dezentrale Autonome Organization, die mit Smart Contracts arbeitet. Menschen, die hieran teilnahmen handelten ETH in DAO und erhielten hierfür DAO Token.

Am 18. Juni 2018 bemerkten Mitglieder der Ethereum Community, dass Teile des Geldes verschwanden. 3,6 Millionen Ether verschwanden in den ersten Stunden. Der Hack griff einen Prozess an, der es ermöglichte seine DAO wieder in Ethereum zu tauschen.
Auf dieser Basis konnte er seine Werte mehrfach zurückfordern mit ein und denselben Token. Hierdurch konnte er 3,6 Millionen Ethereum stehlen.
Aufgrund dieses Hacks leitete Ethereum den Hard Fork ein, der Ethereum Classic gründete.

*Damaliger Wert: 70.000.000$*
*Heutiger Wert (April 2018): 1.800.000.000$*

## *Bitfinex*

Eine weitere Börse wurde im August 2016 angegriffen. Bitfinex, zu dieser Zeit eine der größten Börsen, verlor 119.756 Bitcoin.
Bis heute ist es nicht klar, wie die Hacker das Auszahlsystem manipuliert haben. Bis heute (2018) bleibt es der zweitgrößte Bitcoin Hack.
*Damaliger Wert: 72.000.000$*
*Heutiger Wert (April 2018): 958.048.000$*


## *Parity Wallet*

Im Juli 2017 knackte ein Hacker den Zugang zu dem Wallet von Parity. Der Hacker konnte ohne Authentifikation Werte abheben, insgesamt 153.037 Ethereum.
*Damaliger Wert: 30.000.000$*
*Heutiger Wert (April 2018): 76.518.500$*

**Dies sind Beispiele dafür, dass du größere Werte niemals auf deiner Exchange, sondern an einem sicheren Ort lagern solltest. Nutze niemals einen Onlinegenerator für deine Passwörter.**

## *16 faszinierende Fakten*

1) *Wie viel verdienen Börsen?*
   Binance verdient (Stand April 2018) am meisten, mit knapp 3,5 Millionen USD pro TAG! Dahinter kommen Upbit (3,4m), Huobi (2,3m), Bittrex (2,2m) und Bitfinex (805k). Binance schaffte es sogar im ersten Quartal 2018 mehr Geld zu verdienen, als die Deutsche Bank. 200 Millionen Euro verdienten sie mit nur 200 Angestellten.

2) *Wie viel Geld wurde während der ICOs in 2017 eingenommen & welcher sammelte am Meisten?*
   Über 3,5 Milliarden Dollar wurden von allen ICOs eingenommen. Der ICO von Filecoin nahm mit 257 Millionen am Meisten ein.

3) *Wurde jemals eine Blockchain gehackt?*
   Nein, wie wir gelernt haben ist es unmöglich eine Blockchain zu hacken. Die Medien verwechseln nur Börsen mit Kryptowährungen sehr leicht.

4) *Welche Hash-Rate hat ein Mensch?*
   Ein Mensch würde eine Hash-Rate von 0,00003 h/s haben. Zum Vergleich, eine einzelne Grafikkarte kann bis zu 30MH/s erreichen.

5) *Was heißt „Krypto"?*
Krypto ist ein altes griechisches Wort und bedeutet versteckt oder geheim. Ursprünglich war dieses Wort sehr eng mit der Wissenschaft der Verschlüsslung verbunden.

6) *Kann eine Kryptowährung als nationale Währung funktionieren?*
Ja könnte es. Tatsächlich hat Venezuela als erstes Land eine Kryptowährung erschaffen, um der Hyperinflation entgegen zu wirken. Aufgrund des deflationären Charakters der Kryptowährung erhofft sich das Land dadurch eine größere Stabilität.

7) *Wie viele Menschen wissen von Kryptowährungen?*
Studien haben herausgefunden, dass 80% der amerikanischen Studenten noch nie von Bitcoin gehört haben (Ende 2017). Wissenschaftliche Hochrechnungen nehmen an, dass es ca. 50 Millionen aktive Krypto Nutzer und Trader gibt (Ende 2017). Es wird geschätzt, dass diese Zahl in den nächsten 3 Jahren auf über 250 Millionen steigen soll.

8) *Wie wahrscheinlich ist es einen Private Key zu erraten?*
Es ist wahrscheinlicher 5-mal hintereinander im Lotto zu gewinnen und anschließend vom Blitz getroffen zu werden, als den Private Key einer anderen Person zu erraten.

9) *Wie viel Geld könnten Banken mit der Blockchain sparen?*
Banken könnten 8 Milliarden Dollar oder mehr jedes Jahr sparen, wenn sie die Blockchain nutzen würden.

10) *Wie schnell wächst der Krypto Markt?*
Der globale Krypto Markt ist der am schnellsten wachsende Markt. 2015 stieg der Markt von 5 Milliarden auf 7 Milliarden (40%). 2016 stieg er von 7 Milliarden auf 16 Milliarden (128%). 2017 stieg er von 16 Milliarden auf 570 Milliarden (3562%).

11) *Was war der größte Pump & Dump?*
Es gab einige große Pump & Dump, die aufgrund der unterschiedlichen Länge und Prozentzahlen schwer einzuordnen sind. Es gibt sehr viele Beispiele wie MAZA, AUR und ZETA die jeweils über 1000-2000% innerhalb weniger Stunden stiegen und es werden sicherlich einige neue hinzukommen. Letzterer ist ein gutes Beispiel für einen Wiederholungstäter. Bei EMBER kannst du

sehr leicht die Spitze erkennen, solltest du dich hierfür interessieren.

## 12) Was war der größte Scam der Geschichte?

Bitconnect ist der größte Scam der Geschichte war Bitconnect. Das Schneeballsystem war eines der größten in der finanziellen Geschichte. Von April 2017 bis zum 9. Januar 2018 stieg der Preis von 10$ auf über 440$, bis die Gründer zugaben das es sich um eine Abzocke handelt. Innerhalb eines Tages viel der Preis unter 20$ und ist momentan unter 0,94$ (Mitte Januar).

## 13) Wer war der erste Bitcoin Milliardär?

Die Winklevoss Zwillinge waren die ersten Bitcoin Milliardäre. Du hast vielleicht von ihnen gehört, da sie behaupteten Mark Zuckerberg habe die Idee von Facebook von ihnen gestohlen. Die Winklevoss Zwillinge bekamen 65 Millionen Dollar von Zuckerberg und investierten 11 Millionen in Bitcoin, zu einem Stückpreis von 100$.

## 14) Wer besitzt das größte aktive Wallet?

Das FBI besitzt ein Wallet, dass sie bei einer Schwarzmarktrazia beschlagnahmten. Dieses enthält über 144.000 Bitcoin. Es gibt nur eine Adresse, die mehr Bitcoins hält. Viele Leute glauben, dass dies die Wallet von Nakamoto sei, doch sie wurde seit Jahren nicht bewegt.

*15) Was war die teuerste Pizza der Geschichte?*
Ja du hast richtig gelesen, am 22 Mai 2010 bezahlte Laszlo Hanyecz 10.000 BTC für zwei Pizzen. Dies entspräche heute einem Wert von 80.000.000 Dollar (März 2018). Es ist bekannt als der erste Artikel, der mit Bitcoin gekauft wurde. Dieser Tag ist bekannt als Bitcoin Pizza Day.

*16) Wie gefährlich sind Quantencomputer?*
Es besteht eine große Gefahr, doch nicht nur für Kryptowährungen. Quantencomputer sind sehr starke Computer, die bisher noch nicht gebaut werden können. Experten sind sich uneinig, wann diese erfunden werden (20-40 Jahre schein realistisch zu sein). Viele Menschen denken, dass Quantencomputer die Kryptowährungen zu Fall bringen, doch dies ist nicht korrekt. Viele Kryptowährungen sind bereits jetzt resistent gegen Quantencomputer, wie z.B. IOTA, QRL und viele mehr. Du solltest diesbezüglich keine Angst haben, Banken oder andere Institutionen könnten größere Probleme bekommen.

# *Literaturverzeichnis*

Murphy, John J. *Study Guide for Technical Analysis of the Financial Markets: a Comprehensive Guide to Trading Methods and Applications*. New York Institute of Finance, 1999.

https://twitter.com/CryptoRedPill/status/963288008341385217

https://twitter.com/CryptoCobain/status/922197320292323328

https://www.youtube.com/watch?v=cP_YwNhgh98

https://www.youtube.com/watch?v=HOIucvo-9s0&t

https://www.youtube.com/watch?v=J6pMoZM5zwA&t

https://www.youtube.com/watch?v=9464CKHbVA8&t

https://medium.com/@CarpeNoctom/toshimokus-trading-tips-tricks-f0ff5cc38cc8

https://cointelegraph.com/news/volumes-on-most-major-cryptocurrency-exchanges-are-fake-or-inflated-study

https://steemit.com/deutsch/@achim86/heute-ist-blockchain-morgen-ist-hashgraph

https://www.blockchainmoney.de/assets/Was-ist-Hashgraph.pdf

https://www.bitcoinmining.com/what-is-proof-of-work/

https://en.bitcoin.it/wiki/Proof_of_work

https://www.computerwoche.de/a/blockchain-technologien-im-detail,3330877,2

https://www.nasdaq.com/article/what-is-the-tangle-and-is-it-blockchains-next-evolutionary-step-cm911074

https://coin-hero.de/power-ledger/

https://ark.io/

https://www.ccn.com/fundamental-principles-utility-tokens-blockchain-ecosystem/

https://strategiccoin.com/difference-utility-tokens-equity-tokens/
https://www.maxblue.de/robin/magazin_was-ist-ein-etf.html?utm_medium=referral&utm_source=taboola&cookieTest=check
https://medium.com/tokenreport/filecoin-v-sia-storj-maidsafe-the-crowded-push-for-decentralized-storage-7157eb5060c9
Hosp, Julian *Cryptocurrrencies, 2017*

Copyright
Sämtliche Inhalte, Fotos, Texte und Graphiken sind urheberrechtlich geschützt.
Sie dürfen ohne vorherige schriftliche Genehmigung Weder ganz noch auszugsweise kopiert, verändert, vervielfältigt oder veröffentlicht werden.